Alexander Thiele

Die Europäische Zentralbank

ARTIBUS INGENUIS J·C·B·M· 1·8·0·1

Alexander Thiele

Die Europäische Zentralbank

Von technokratischer Behörde zu politischem Akteur?

Mohr Siebeck

Alexander Thiele, geboren 1979, ist Privatdozent am Institut für Allgemeine Staatslehre und Politische Wissenschaften an der Georg-August-Universität Göttingen und vertritt im Sommersemester 2019 einen Lehrstuhl für Öffentliches Recht an der Leibniz Universität Hannover. Seine Forschungsschwerpunkte liegen im Staats-, Europa- und Finanzrecht.

Zuletzt bei Mohr Siebeck erschienen: Verlustdemokratie (2. Auflage 2018), Der gefräßige Leviathan (2019) sowie – als Herausgeber – Legitimität in unsicheren Zeiten (2019).

ISBN 978-3-16-158177-9 / eISBN 978-3-16-158178-6
DOI 10.1628/978-3-16-158178-6

Die Deutsche Nationalbibliothek verzeichnet diese Publikation in der Deutschen Nationalbibliographie; detaillierte bibliographische Daten sind über *http://dnb.dnb.de* abrufbar.

Das Buch wurde von Computersatz Staiger in Rottenburg/N. aus der Stempel Garamond und Frutiger gesetzt, von Gulde Druck in Tübingen auf alterungsbeständiges Werkdruckpapier gedruckt und gebunden.

Printed in Germany.

Vorwort

Spätestens seit der Finanz- und Eurokrise kommt der Europäischen Zentralbank (EZB) eine prominente Rolle auch in den allgemeinen Medien zu. Geldpolitische Dispute – bisher allenfalls für wenige Fachleute interessant – werden in den Zeitungen gespiegelt und kommentiert, einzelne normative Regelungen der Europäischen Währungsunion haben es gar auf die Titelseiten überregionaler Zeitungen geschafft. Begriffe wie Preisstabilität und monetäre Staatsfinanzierung, Anleihekäufe und Zinssenkungen sowie Unabhängigkeit und Rotationsverfahren tauchen in dieser öffentlichen Debatte beinahe ebenso häufig auf, wie die Namen der Präsidenten und Präsidentinnen der weltweit wichtigsten Zentralbanken, zu denen die EZB selbstverständlich auch weiterhin zu zählen ist.

Im Einzelnen herrscht indes eine durchaus nachvollziehbare Unsicherheit darüber, wie eine Zentralbank konkret funktioniert, welche Rolle ihr in einer Marktwirtschaft zukommt, wie sie Einfluss auf die Preisentwicklung zu nehmen versucht und wie in diesem Zusammenhang die Funktion und Stellung des EZB-Präsidenten zu beurteilen ist – auch in der Wissenschaft sind diese Fragen alles andere als abschließend geklärt. Über den normativen Handlungsrahmen der EZB kursieren vor allem seit der Eurokrise einige Mythen, die sich bei näherer Betrachtung nicht oder nur schwer halten lassen. Gerade in Deutschland ist die Eurokrise immer wieder auch von rechtlichen Auseinandersetzungen geprägt gewesen, die außerhalb der Fachwelt nur schwer verständlich gewesen sein dürften.

Die vorliegende Einführung will anlässlich des Wechsels an der EZB-Spitze im November 2019 daher einen Beitrag dazu leisten, das Wirken der EZB, ihre Entscheidungsabläufe und geldpolitischen Instrumente, aber auch ihre rechtliche Einhegung einer etwas breiteren Öffentlichkeit näher zu bringen. Sie wendet sich damit an den allgemein interessierten Laien ebenso wie an Studierende der Politik-, Rechts-, und Wirtschaftswissenschaft, die sich einen ersten und noch nicht allzu komplexen Überblick verschaffen möchten. Sie eignet sich zugleich als Lektüre im Politik- und Wirtschaftsunterricht an weiterführenden Schulen. Der Fußnotenapparat ist aus diesem Grund eher knapp gehalten, am Ende finden sich Hinweise auf Literatur, die eine Vertiefung des im Detail komplexen Themas ermöglichen. Allenfalls in Ansätzen versteht sich das Werk zugleich als eine Kritik des heute bestehenden Geldsystems. Indem der vergleichsweise geringe Einfluss der EZB und die aus dem Geldschöpfungsprivileg resultierende machtvolle Stellung der (privaten) Geschäftsbanken skizziert werden, weisen die Ausführungen aber die Richtung, die eine solche Kritik nach hier vertretener Ansicht nehmen müsste.

Bedanken darf ich mich zunächst bei *Achim Truger*, der bereitwillig und mit großer Gründlichkeit das Manuskript gelesen und mit zahlreichen Anmerkungen versehen hat. Ich habe diese an vielen Stellen berücksichtigt, dadurch viel gelernt und vieles besser verstanden. Mein Dank gilt zudem den Mitarbeiterinnen und Mitarbeitern des Instituts für Allgemeine Staatslehre und Politische Wissenschaften der Universität Göttingen. Auch sie haben das Manuskript nicht nur gelesen, sondern mit ihren Vorschlägen zur besseren Lesbarkeit beigetragen. *Julia Caroline Scherpe-Blessing* vom Mohr

Siebeck Verlag hat den Band vorzüglich betreut. Kritik ist willkommen und wird an die email-Adresse des Autors unter alexander.thiele@jura.uni-goettingen.de erbeten.

Göttingen/Hannover, im Juli 2019 Alexander Thiele

Inhalt

Abkürzungsverzeichnis

aaO	am angegebenen Ort
Abs.	Absatz
AEUV	Vertrag über die Arbeitsweise der Europäischen Union
Art.	Artikel
Aufl.	Auflage
BIP	Bruttoinlandsprodukt
BoG	Board of Governors
BVerfGE	Entscheidungen des Bundesverfassungsgerichts
bzw.	beziehungsweise
CFS	Center for Financial Studies
d.h.	das heißt
ECB	European Central Bank
ELA	Emergency Liquidity Assistance
ENA	École Nationale d'Administration
ESFS	Europäisches System der Finanzaufsicht
ESRB	European Systemic Risk Board
ESZB	Europäisches System der Zentralbanken
EU	Europäische Union/European Union
EuGH	Europäischer Gerichtshof
EuR	Zeitschrift für Europarecht
EuZW	Europäische Zeitschrift für Wirtschaftsrecht
EWI	Europäisches Währungsinstitut
EWS	Europäisches Währungssystem
EZB	Europäische Zentralbank
Fed	Federal Reserve System
ff.	folgende
FOMC	Federal Open Market Committee

ggf.	gegebenenfalls
grds.	grundsätzlich
Hrsg.	Herausgeber
HVPI	Harmonisierter Verbraucherpreisindex
IWF	Internationaler Währungsfonds
JZ	Juristenzeitung
MIT	Massachusetts Institute of Technology
MMT	Modern Monetary Theory
mwN	mit weiteren Nachweisen
No.	Number
OMT	Outright-Monetary-Transactions
Rn.	Randnummer
Rs.	Rechtssache
S.	Seite
SMP	Securities Market Programme
s.o.	siehe oben
sog.	sogenannt(e)
SSM	Single Supervisory Mechanism
verb. Rs.	verbundene Rechtssachen
vgl.	vergleiche
WWU	Wirtschafts- und Währungsunion

I. Einführung: Die neue Rolle der Zentralbanken

„Within our mandate, the ECB is ready
to do whatever it takes to preserve the euro.
And believe me, it will be enough."
Mario Draghi

1. Ein Tag im Juli

Die Londoner Wetteraufzeichnungen notieren für den 26. Juli 2012 einen sonnigen Tag mit Spitzentemperaturen um die 27° (Celsius nicht Fahrenheit!) und einer Luftfeuchtigkeit von 39%. Geregnet hatte es schon seit Tagen nicht. Auch an diesem Donnerstag, an dem sich unter anderem der Präsident der EZB, *Mario Draghi*, in der britischen Hauptstadt aufhielt, zeigte sich ein strahlend blauer Himmel. Lediglich hin und wieder durchzogen kleinere Wölkchen das leuchtende Blau. Eine leichte Brise wehte, die bei diesen Temperaturen aber eher erfrischend denn störend gewirkt haben dürfte. Mit anderen Worten: Herrliches Urlaubswetter in einer Stadt, die ansonsten (allerdings zu Unrecht) eher für Nebel, Regen und gräuliche Tristesse weltweite Bekanntheit genießt.

Ein größerer Kontrast zu dem Sturm, den die Eurozone seit mehr als zwei Jahren durchlebte, war jedenfalls kaum vorstellbar. Seitdem die griechische Regierung unter Führung von *Giorgos A. Papandreou* Ende 2009 die Daten der staatlichen Neuverschuldung für das folgende Jahr unerwartet in nachgerade schwindelerregende Höhen korrigiert (von 3,7 % auf 12,7 % des BIP) und damit praktisch die eigene Zahlungsunfähigkeit verkündet hatte, schlitterte die Eurozone, so schien es, von einem finanziellen Unwetter ins nächste. Zwar konnten sich deren Staats- und Regierungschefs bereits im März 2010 darauf einigen, Griechenland mit zunächst auf drei Jahre angelegten finanziellen Hilfen in Höhe von insgesamt 80 Milliarden Euro unter die Arme zu greifen (weitere 30 Milliarden wurden von Seiten des IWF beigesteuert). Eine endgültige Beruhigung der Lage sollte dadurch allerdings nicht eintreten. Einerseits war schnell klar, dass diese einmalige Finanzspritze angesichts der hohen Verschuldung und der defizitären griechischen Staats- und Verwaltungsstrukturen nicht ausreichen würde – am Ende sollte Griechenland insgesamt drei solcher Hilfspakete und erst Ende 2018 eine gewisse finanzielle Autonomie zurück erhalten. Andererseits zeigten sich nun auch in anderen Staaten der Eurozone – allen voran in Irland, Italien, Spanien und Portugal – erste Refinanzierungsprobleme. Die Finanzmarktakteure und Investoren verlangten angesichts der bestehenden Unsicherheiten immer höhere Zinsen von diesen Staaten, wenn sie überhaupt bereit waren, Geld zur Verfügung zu stellen. Es drohte damit eine „Ansteckung“ dieser Eurostaaten, deren finanzielle „Rettung“ im Falle einer Zahlungsunfähigkeit jedoch die Leistungsfähigkeit der nicht betroffenen Eurostaaten (allen voran Deutschland) bei Weitem überschritten hätte. Erste Spekulationen in diese Richtung schienen auf den Finanzmärkten bereits begonnen zu haben.

Die EZB hatte auf diese Krisensituation zwar frühzeitig reagiert und die relevanten Leitzinsen schrittweise gesenkt.[1] Die erhoffte wirtschaftliche Erholung der Krisenstaaten trat jedoch nicht ein, die zu zahlenden Zinsen auf ihre Anleihen hielten sich auf hohem Niveau, während sie in den anderen, von der Krise nicht betroffenen Staaten stetig sanken. Das billige Geld wurde also nicht verliehen und in den Krisenstaaten investiert, sondern entweder direkt bei der EZB „geparkt" oder in sichere, nicht zuletzt deutsche Anleihen gesteckt. Das führte zu der absurden Situation, dass Deutschland auf seine Anleihen zeitweise negative Zinsen zahlen konnte. Der deutsche Finanzminister bekam das Geld der Anleger also nicht nur zum Nulltarif, vielmehr bezahlten die Anleger dafür, ihre Investitionen in sichere deutsche Staatsanleihen tätigen zu dürfen: Reine Schuldenaufnahme als Gewinngeschäft. Insgesamt sollte der deutsche Staat in den zehn Jahren von 2008–2018 nach einer Aufstellung der Bundesbank dadurch Zinszahlungen in Höhe von knapp 370 Milliarden Euro einsparen.[2]

Gerade aus Sicht der EZB war dieser Zustand wenig befriedigend. Die gewöhnlichen geldpolitischen Instrumente schienen zu versagen. Der Transmissionsmechanismus, mit dem geldpolitische Impulse der EZB an die Finanzmärkte weitergegeben werden,[3] war erheblich gestört. Die getroffe-

---

[1] Die Leitzinsen liegen mittlerweile bei 0 %, eine vorsichtige Erhöhung dürfte nicht vor dem Jahr 2020 erfolgen.

[2] Ähnlich hoch waren die Ersparnisse in Frankreich (rund 350 Milliarden Euro). Für die Eurozone insgesamt ergibt sich eine Ersparnis von rund 1,4 Billionen Euro. Im Juni 2019 waren die Zinsen für bestimmte deutsche Anleihen erneut negativ, was auch als Zeichen dafür gewertet werden kann, dass die Krisensituation noch immer nicht vollständig überwunden ist.

[3] Überblick bei *H.-J. Jarchow*, Grundriss der Geldpolitik, 2010, S. 161 f.

nen Zinsentscheidungen der EZB wirkten sich nicht mehr einheitlich in der gesamten Eurozone, sondern in den einzelnen Staaten und damit entlang nationaler Grenzen unterschiedlich aus.[4] Die EZB war jedoch die Zentralbank der gesamten Eurozone. Eine regional unterschiedliche Geldpolitik – etwa in Form von nach Regionen gestaffelten Leitzinsen – war und ist bis heute grundsätzlich nicht vorgesehen. In dieser besonderen Krisensituation entschied sich die EZB daher zu einer eher ungewöhnlichen und zwangsläufig umstrittenen Form der Intervention. Mit dem sogenannten „Securities Market Programme" (SMP) erwarb sie noch unter der Präsidentschaft *Jean-Claude Trichets* Staatsanleihen einzelner Krisenstaaten in einem Gesamtvolumen von rund 210 Milliarden Euro. Ziel sollte es sein, die auseinanderdriftenden Zinsauswirkungen wieder anzugleichen, den allgemeinen Transmissionsmechanismus wiederzubeleben, aber gewiss auch, das allgemeine Vertrauen der Finanzmarktakteure in die Währungsunion wieder herzustellen. Diese Ankäufe kamen einer regionalen Geldpolitik damit im Ergebnis schon sehr nahe. Erworben wurden neben griechischen (ca. 31 Milliarden Euro) noch Anleihen aus Italien (99 Milliarden Euro), Spanien (44 Milliarden Euro), Portugal (22 Milliarden Euro) und Irland (14 Milliarden Euro). Tatsächlich führte das Programm zu einer gewissen Beruhigung der Finanzmärkte, ablesbar an den sich anpassenden Zinsaufschlägen und der Verringerung der Zinsabstände (der sogenannten Zinsspreads) zwischen den Eurostaaten. Trotz der parallel dazu eingeleiteten kontinuierlichen Zinssenkungen blieb die Situation in der Eurozone jedoch weiterhin angespannt und drohte anlässlich der politischen Beratungen um das zweite Hilfspaket für Griechenland Mitte 2012 erneut zu eskalieren. Um

[4] Die EZB sprach von einer „Fragmentierung ihrer Geldpolitik entlang nationaler Grenzen".

die Europäische Währungsunion schien es an diesem 26. Juli 2012 also nicht allzu gut bestellt. Vereinzelte Politiker und Ökonomen sahen bereits ihr Ende gekommen und malten düstere Bilder von den folgenden Monaten, bis hin zu gewalttätigen Auseinandersetzungen in einzelnen Krisenstaaten – und darüber hinaus.

2. „Whatever it takes …“

Dieser aufziehende erneute Sturm war es folglich, dem der neue EZB-Präsident *Mario Draghi* bei strahlendem Sonnenschein in London (unmittelbar vor den dort stattfindenden Olympischen Spielen) entgegentreten wollte beziehungsweise entgegentreten musste. Der Italiener, der unter anderem als Volkswirtschaftsprofessor sowie als Goldman Sachs-Mitarbeiter tätig gewesen war, hatte erst im Jahr zuvor das Amt des Präsidenten der EZB übernommen und damit zu einer Zeit, in der die Eurokrise bereits auf ihren (vorläufigen) Höhepunkt zusteuerte. „Normale“ geldpolitische Zeiten hatte er in seiner Funktion als Präsident und anders als *Jean-Claude Trichet* oder dessen Vorgänger *Wim Duisenberg* überhaupt noch nicht erlebt[5] – *Draghi* war zweifellos der „Krisenpräsident“. Sogar auf eine feierliche Amtseinführung in Frankfurt hatte er aufgrund der Turbulenzen verzichten müssen.[6]

Gespannt wartete das Londoner Auditorium darauf, was *Draghi* ihm angesichts dieser dramatischen Entwicklungen mitteilen wollte. Dass dieser Auftritt in die Geschichte eingehen und zugleich einen gewissen Wendepunkt in der öf-

---

[5] Überblick zu den bisherigen Präsidenten der EZB im vierten Kapitel.

[6] *N. Irwin*, Die Alchemisten, 2013, S. 415.

fentlichen Wahrnehmung der EZB und ihrer Rolle auf der politischen Bühne darstellen würde, ahnte es hingegen nicht – auch wenn das ehrwürdige Lancaster House gewiss einen angemessenen örtlichen Rahmen für ein solch historisches Ereignis bot (immerhin hatte es bereits als Kulisse der Serie „Downtown Abbey" hergehalten). London mag als Ort einer solchen „EZB-Rede" zunächst überraschen – das Britische Königreich gehörte der Eurozone zu keinem Zeitpunkt an und entschied sich im Jahr 2016 zudem, als erster Mitgliedstaat die Europäische Union wieder verlassen zu wollen.[7] Passend war jedoch der thematische Anlass der Rede: Der Auftritt erfolgte im Zusammenhang mit der Londoner „Global Investment Conference", einer Tagung, die rund 200 global agierende Geschäftsleute, Politiker und Investoren und damit aus Perspektive des EZB-Präsidenten ein nachgerade perfektes Publikum für eine grundsätzliche geldpolitische Stellungnahme zusammenbrachte. Angesichts der Persönlichkeiten vor Ort war jedenfalls gesichert, dass *Draghis* Aussagen – wie auch immer sie ausfallen würden – unmittelbar diejenigen adressierten, die zwar nicht (oder wenigstens nicht allein) für die Turbulenzen verantwortlich zeichneten, diese aber durch ihre Investment-Entscheidungen und Verbindungen zu den weiteren Finanzmarktakteuren zügig würden beeinflussen oder gar beenden können.

Draghi machte gleich zu Beginn seiner Ausführungen klar, worum es ihm ging: Um eine „aufrichtige Beurteilung"[8] der Situation des Euro aus Frankfurter Perspektive. Zwar sind aufrichtige Beurteilungen gerade aus dem Munde eines Zentralbank-Präsidenten eher selten. Im Laufe der Jahrzehnte hat sich eine überaus kryptische und im De-

[7] Siehe dazu und zu den historischen und rechtlichen Hintergründen nur *A. Thiele*, Der Austritt aus der EU, EuR 2016, 281 ff.

[8] *Draghi* sprach von „candid assessment".

tail nur wenigen Fachleuten zugängliche Fachsprache entwickelt, die kleinste sprachliche und grammatikalische Nuancen nutzt, um selbst größere geldpolitische Volten anzukündigen – „geldpolitischer Klartext“ wird dem durchschnittlichen und nicht ständig mit Geldpolitik befassten Zuhörer in der Regel kaum als solcher erkennbar. In diesem Fall jedoch sollte *Draghi* es ernst meinen. Zu Beginn seiner Ausführungen würdigte er allerdings zunächst noch eher unspektakulär und eingebettet in eine wenig glückliche Metapher[9] die aktuelle Stärke des Euro. Das traf zwar im Hinblick auf die Entwicklung der Inflationsraten zu, wirkte angesichts der damaligen Vorgänge auf den Finanzmärkten aber eher wie ein allzu durchschaubares Ablenkungsmanöver:

> „The first message I would like to send, is that the euro is much, much stronger, the euro area is much, much stronger than people acknowledge today. Not only if you look over the past 10 years but also if you look at it now, you see that as far as inflation, employment, productivity, the euro area has done either like or better than the US or Japan.“

Anschließend stellte er die Erfolge der (politischen) Reformbemühungen der vorherigen sechs Monate heraus und hielt fest:

> „If you compare today the euro area member states with six months ago, you will see that the world is entirely different today, and for the better.“

Erneut schien diese Statusbeschreibung allenfalls bedingt glaubwürdig und war kaum geeignet, aus sich heraus zu einer Stabilisierung der prekären Lage beizutragen. Der Umstand

---

[9] *Draghi* verglich die Eurozone mit einer „Hummel“, die nun auf dem Weg sei zu einer „wirklichen Biene“ zu werden. Biologisch gehören Hummeln allerdings zu den Bienen.

jedenfalls, dass der Präsident der EZB die Flinte noch nicht ins Korn geworfen hatte, überraschte niemanden, weder im Saal noch in der interessierten Weltöffentlichkeit. Doch nach diesen eher vorhersehbaren ersten Einordnungen schlug *Mario Draghi* unerwartet und ausdrücklich einen politischen Ton an:

> „But the third point I want to make is in a sense more political."

Schon das ließ aufhorchen. Eine Zentralbank, die sich explizit politisch äußert? In der Regel versuchen Zentralbanken die politische Dimension ihres Handels wenn nicht gänzlich zu leugnen so doch herunterzuspielen und sich als eher technokratische Behörde zu inszenieren, die außerhalb der politischen Arena im Hintergrund mehr oder weniger interesselos agiert. Mit dem, was auf diese Ankündigung folgte, sollte sich *Mario Draghi* denn auch seinen Platz nicht nur in der Zentralbankgeschichte sichern. Seine Worte waren zwar primär an die Finanzwelt gerichtet, ihre Wirkung ging jedoch weit darüber hinaus. Die letzten beiden Sätze der folgenden Passage seiner Rede zählen heute zu den bekanntesten Zitaten eines modernen Zentralbankers überhaupt:

> „And so we view this, and I do not think we are unbiased observers, we think the euro is irreversible. And it's not an empty word now, because I preceded saying exactly what actions have been made, are being made to make it irreversible. But there is another message I want to tell you.
>
> Within our mandate, the ECB is ready to do whatever it takes to preserve the euro. And believe me, it will be enough."

Diese Aussage passte natürlich kaum zu seinen vorherigen Worten: Warum sollte sich die EZB um den Erhalt der Währungsunion kümmern (wollen/müssen), wenn diese auch infolge der jüngsten Reformbemühungen angeblich so „stark" und erfolgreich war? Wie der EZB-Präsident die Lage der Währungsunion in Wahrheit einschätzte, legte er für alle hörbar damit erst an dieser Stelle seiner Rede offen. *Draghi* verband diese Einschätzung allerdings mit einer unmissverständlichen Botschaft an die Finanzmärkte und insbesondere an diejenigen Akteure, die bereits geplant haben könnten, auf ein Auseinanderbrechen des Euro zu spekulieren: Ein solches Vorgehen würde sich unter keinen Umständen lohnen, denn: Was auch immer nötig wäre, um solchen Spekulationen entgegenzutreten, die EZB würde es tun – sofern mit ihrem normativen Mandat vereinbar. Dass *Draghi* bereit war, die Grenzen dieses Mandats auszuschöpfen, daran ließ er allerdings keinen Zweifel.

Die EWS-Krise 1992

Die EWS-Krise 1992 nahm ihren Ausgangspunkt in einer Verringerung der Geldmenge und einer Erhöhung der Leitzinsen durch die Deutsche Bundesbank. In der Folge trennten sich viele Inhaber britischen Pfunds von ihren Währungsbeständen und legten diese stattdessen in der Deutschen Mark an, was höhere Zinserträge versprach. Dies führte zu einer (beinahe risikolosen) Wette zahlreicher Investment- und Hedgefondsmanager gegen das britische Pfund, da die britische Zentralbank verpflichtet war, den Wechselkurs des britischen Pfund gegenüber der Deutschen Mark in einem bestimmten Wechselkursfenster zu halten. Die Manager gingen davon aus, dass Großbritannien letztlich aus dem EWS ausscheren und eine Abwertung des britischen Pfunds vornehmen würde. Für besonderes Aufsehen sorgte hier der Fondsmanager *George Soros*, der gemeinsam mit seinem Partner *Stan Druckermiller* etwa zehn Milliarden britische Pfund an die Bank of England leerverkaufte (die zu einem solchen Ankauf verpflichtet war). Als es dann tatsächlich zu einem Ausscheren des britischen Pfunds aus dem EWS kam, machte der von Soros geführte Hedgefonds in wenigen Monaten einen Gewinn von einer Milliarde Dollar. Siehe dazu auch Sebastian Mallaby, More Money Than God, 2010, S. 147 ff. Umstritten ist, ob das Verhalten des Hedgefonds ursächlich war für das Ausscheiden aus dem EWS oder ob dieses früher oder später ohnehin erfolgt wäre.

Historisch hatte es ähnliches Kräftemessen zwischen Zentralbanken und Finanzmarktakteuren immer wieder gegeben. Und dieses war keineswegs stets zugunsten der Zentralbank ausgegangen. Bekanntermaßen war es nicht zuletzt einem Investment-Team um *George Soros* Anfang der 90er Jahre gelungen, die Bank of England in die Knie und Großbritannien zum Verlassen des Europäischen Wechselkursmechanismus zu zwingen (EWS-Krise 1992) – wobei die Konstruktion des EWS im Gegensatz zu derjenigen der Europäischen Währungsunion zu Spekulationen allerdings auch geradezu einlud. Die klaren Worte *Draghis* und die folgende Ankündigung eines weiteren umfassenden Anleiheankaufprogramms (Outright-Monetary-Transactions Programme, OMT) sollten ihre Wirkung denn auch nicht verfehlen. Beinahe umgehend kam es zu einer Beruhigung der Finanzmärkte, die Zinsunterschiede zwischen den einzelnen Mitgliedstaaten der Währungsunion gingen schlagartig zurück. Das Besondere dabei: Zu den angekündigten Anleiheankäufen sollte es letztlich gar nicht kommen. Im Rahmen des OMT-Programms, das sogar Gegenstand eines historischen Verfahrens vor dem Bundesverfassungsgericht werden sollte,[10] wurde also keine einzige Anleihe eines Krisenstaates von der EZB erworben. Der gewünschte Effekt trat allein aufgrund der unmissverständlichen Ankündigung (Drohung?) *Draghis* an diesem Sommertag ein.[11] Dieses unkon-

[10] BVerfGE 142, 123 ff. Es handelte sich um die erste Vorlage an den EuGH überhaupt. Dazu auch die kritischen Anmerkungen von *W. Heun*, Eine verfassungswidrige Verfassungsgerichtsentscheidung, JZ 2014, 331 ff. sowie *A. Thiele*, Friendly or Unfriendly Act?, German Law Journal 15 (2014), 241 ff.

[11] Siehe auch *D. Seikel/A. Truger*, Die blockierte Vollendung der Europäischen Währungsunion: Plädoyer für eine pragmatische Nutzung von fiskalischen Handlungsspielräumen, Wirtschaft und Gesellschaft 2019, 43 (43).

ventionelle Vorgehen dürfte damit eine der erfolgreichsten[12] und zugleich günstigsten geldpolitischen Maßnahmen in der weltweiten Zentralbankgeschichte gewesen sein.

3. Von technokratischer Behörde zu politischem Akteur?

Weitet man den Blick und bezieht auch die Entwicklungen in anderen Währungsräumen sowie das Verhalten weiterer Zentralbanken in die Betrachtung mit ein, zeigt sich, dass es sich bei den geschilderten Ereignissen nur um die (dramatische) europäische Version eines seit der Finanzkrise 2008/2009 erkennbaren Bemühens der Zentralbanken handelt, ihr geldpolitisches Mandat den veränderten Verhältnissen auf den Finanzmärkten und den damit einhergehenden Herausforderungen anzupassen. Mit ihrer gewandelten „aktiveren" Rolle stand und steht die EZB keineswegs allein da. Vielmehr sahen sich praktisch alle bedeutenden Zentralbanken seit dem Ausbruch der Finanzkrise vor besondere Aufgaben gestellt, die die Entwicklung neuartiger („unorthodoxer")[13] geldpolitischer Instrumente und gewisse Modifikationen der tradierten geldpolitischen „Philosophie" nach sich zogen:

- Zum einen zeigte sich, dass Preisstabilität, deren Sicherung mittlerweile ganz im Zentrum der Tätigkeit der meisten Zentralbanken steht, nicht isoliert von Finanz(markt)stabilität behandelt werden kann – anders als dies bisher gemeinhin angenommen wurde. Zentralbanken

[12] Nicht bewertet werden sollen an dieser Stelle die damit einhergehenden sonstigen Verteilungswirkungen.

[13] Vgl. *O. Issing*, A New Paradigm for Monetary Policy?, CFS Working Paper No. 2013/02, S. 3.

müssen im Rahmen ihrer Tätigkeit also Fragen der Stabilität der Finanzmärkte – vor allem die Entwicklung möglicher Kreditblasen – sehr viel stärker in den Blick nehmen, als dies in der Vergangenheit der Fall war.[14] Auch die EZB hat diesen Zusammenhang in der nach den Erfahrungen mit der Finanzkrise erschienenen Erläuterung ihrer Geldpolitik dementsprechend artikuliert.[15] Daraus aber ergibt sich beinahe zwangsläufig eine gesteigerte Verflechtung der Geld- mit der allgemeinen Wirtschaftspolitik.

- Zum zweiten mussten die Zentralbanken feststellen, dass die der Finanzkrise zuzuschreibende hohe öffentliche und private Verschuldung dazu geführt hatte, dass die mit Zinssenkungen angestrebten stimulierenden Wirkungen für die Realwirtschaft weitgehend ausblieben. Das „billige Geld" wurde von den privaten Unternehmen schlicht nicht nachgefragt, da diese angesichts der hohen Eigenverschuldung von weiteren Kreditaufnahmen absahen (sogenannter credit-crunch). Sofern Kredite gleichwohl vergeben wurden, wurden diese vor allem zur Investition in bereits bestehende Vermögenswerte und renditeträchtige Finanzprodukte genutzt, was jedoch kaum einen realwirtschaftlichen Effekt hatte (abgesehen von steigenden Vermögenspreisen). In ihrer Not entwickelten die Zentralbanken daher neuartige Instrumente (quantitative easing/credit easing), die zum Teil mit einer besonderen Festlegung hinsichtlich kommender geldpolitischer Schritte verbunden wurden (forward guidance), um (Erwartungs-) Unsicherheiten auf Seiten der Marktteilnehmer zu verhindern beziehungsweise zu

---

[14] Siehe auch *C. Ohler*, A Governance Crisis?, in: W.-G. Ringe/P. M. Huber (Hrsg.), Legal Challenges in the Global Financial Crisis, S. 121 (123).

[15] *EZB*, Die Geldpolitik der EZB, S. 91.

verringern.[16] Diese neuartigen Instrumente (und ihre Wirkungen) waren aber von Anfang an nicht nur geldpolitisch umstritten.

- Ein spezielles Problem der Eurozone war darüber hinaus, dass die geldpolitischen Transmissionswege in der Eurokrise faktisch zusammenbrachen. Während sich Zinsentscheidungen der EZB ansonsten im gesamten Währungsraum einheitlich auswirkten, kam es plötzlich, wie oben skizziert, zu einer Fragmentierung entlang nationaler Grenzen – die Zinssätze für Staatsanleihen variierten deutlich in den einzelnen Eurostaaten. Das wiederum stellte eine erhebliche Herausforderung für die EZB dar: „How can a monetary authority credibly commit to keeping inflation stable when its policy rate is transmitted differently across the currency area?"[17] Die Antwort der EZB war unter anderem die Entwicklung der besonderen und teilweise selektiven Anleiheankaufprogramme.

Das Federal Reserve System

Das Federal Reserve System (abgekürzt Fed) stellt das Zentralbank-System der USA dar. Es wurde 1913 gegründet und ist seitdem mehrfach reformiert worden. Geleitet wird das Fed vom siebenköpfigen Board of Governors (BoG) mit dem Präsidenten an der Spitze, zentrales geldpolitisches Organ ist das Federal Open Market Committee (FOMC), das neben den sieben Mitgliedern des BoG aus den Präsidenten der 12 regionalen Federal Reserve Banken besteht. Siehe ausführlich zur Geschichte der Fed das dreibändige Werk von *Allan H. Meltzer*, A History of the Federal Reserve, 2003–2009.

---

[16] Vgl. *O. Issing*, A New Paradigm for Monetary Policy?, CFS Working Paper No. 2013/02, S. 6 ff.

[17] *L. Reichlin/R. Baldwin*, Introduction, in: L. Reichlin/R. Baldwin (Hrsg.), Is Inflation Targeting Dead? Central Banking After the Crisis, S. 10 (17).

Man wird damit festhalten können, dass sich die öffentliche Rolle und Wahrnehmung der Zentralbanken seit der letzten großen Finanz- und Eurokrise signifikant gewandelt hat. Agierten sie – von einigen Ausnahmen wie der amerikanischen Federal Reserve (Fed) abgesehen – bisher eher im Hintergrund, spielen sie im politischen Geschehen mittlerweile auch aus der Perspektive der interessierten Öffentlichkeit eine sehr viel gewichtigere, bisweilen sogar gestaltende Rolle.[18] Ihr Verhalten wird aufmerksam zur Kenntnis genommen und beinahe täglich in überregionalen Medien begleitet und kommentiert. Einzelne Politiker machen immer häufiger ihren Unmut über die Geldpolitik deutlich – und das betrifft keineswegs nur populistische Akteure wie *Donald Trump* und andere, von denen man ein solches Verhalten erwarten würde. So machte der ehemalige deutsche Finanzminister *Wolfgang Schäuble* (CDU) die EZB-Politik im Jahr 2016 mitverantwortlich für den Aufstieg der AfD und *Alexander Dobrindt* (CSU) bezeichnete den damaligen EZB-Präsidenten im Jahr 2012 gar als „Falschmünzer". Galten die Zentralbanken bisher als (wohl) notwendige aber eher technische und schwer zu durchschauende, ja bisweilen auch ein wenig langweilige Behörden von Technokraten, denen für das tägliche Leben keine größere Relevanz zukommt, werden sie nunmehr auch von einer breiteren Öffentlichkeit als quasi-politische Akteure mit beachtlichem Einfluss wahrgenommen, deren Entscheidungen (politisch) umstrittene Verteilungswirkungen zukommen.[19] Solche Akteure waren Zentralbanken zwar an sich schon immer – an ihrer

[18] *C. Herrmann*, Die Bewältigung der Euro-Staatsschulden-Krise an den Grenzen des deutschen und europäischen Währungsverfassungsrechts, EuZW 2012, 805 (809).

[19] Vgl. The Economist, April 13th-19th 2019, S. 11: „All this makes it easier to view them as political."

Stellung und ihren Einflussmöglichkeiten hat sich durch
die Finanz- und Eurokrise nichts geändert. Zentralbanken
waren seit jeher politisch und keine gänzlich interesselosen
Behörden; sie waren nie (politisch) neutrale Instanzen. Ihre
politische Bedeutung wurde zuvor allerdings nur von we-
nigen bewusst wahrgenommen, auch weil sie von den Zen-
tralbanken bisweilen geschickt verdeckt wurde. In der Regel
wurde das Handeln der Zentralbanken daher auch allzu un-
kritisch begleitet – was sollte man kritisieren, wenn ihr Han-
deln doch im Kern technokratisch-wissenschaftlich (und
nicht politisch) fundiert war? Nicht zuletzt der Deutschen
Bundesbank wurde (und wird?) in Deutschland ein beinahe
grenzenloses Vertrauen entgegengebracht,[20] das – wie etwa
Jacques Delors andeutete – beinahe religiös-sakralen Cha-
rakter annehmen konnte.[21] Seit der Finanz- und Eurokrise
ist das anders, weil durch diese für breitere Schichten erkenn-
bar geworden ist, dass auch Geldpolitik Politik im tatsäch-
lichen Sinne ist. Es bestehen unterschiedliche geldpolitische
Schulen, die gestützt auf unterschiedliche wirtschaftspoli-
tische Vorstellungen zu unterschiedlichen Handlungsemp-
fehlungen kommen, die wiederum gänzlich unterschiedliche
(Verteilungs-) Wirkungen zur Folge haben. Mit der „Mo-
dern Monetary Theory" ist Ende des 20. Jahrhunderts eine
weitere Denkrichtung aufgekommen, die den geldpoli-
tischen Diskurs zusätzlich belebt und bisweilen auch emotio-
nalisiert hat. Dieser öffentliche Wahrnehmungswandel wird
nicht zuletzt an der neuen Prominenz der Zentralbankpräsi-
denten sichtbar. Waren die Namen des Präsidenten der EZB,
der amerikanischen Fed oder der Deutschen Bundesbank

[20] Überblick zur deutschen Geldpolitik seit Mitte des 19. Jahrhun-
derts bei *H.-J. Jarchow*, Grundrisse der Geldpolitik, 2010, S. 31 ff.

[21] Hier lag, wie im zweiten Kapitel zu zeigen ist, auch der Grund
dafür die EZB am Sitz der Bundesbank in Frankfurt anzusiedeln.

noch vor wenigen Jahren allenfalls Experten ein Begriff, vermag heute fast jeder Zeitungsleser mit den Namen *Mario Draghi*, *Jerome Powell* oder *Jens Weidmann* etwas anzufangen und diesen Personen zugleich eine bestimmte geldpolitische Strategie zuzuweisen (unabhängig von der Frage, ob diese von außen erfolgende Zuschreibung als „Taube" oder „Falke"[22] der sehr viel komplexeren Realität entspricht). Sogar internationale Bestseller sind aus den Biographien einzelner Zentralbanker entstanden.[23] Für die Öffentlichkeit wird damit aber zunehmend klarer, dass es keineswegs beliebig ist, wer die Führung einer Zentralbank übernimmt, dass die Entscheidung über diese Personalie vielmehr Konsequenzen auch für die eigene wirtschaftliche Situation haben kann. Ob sich diese neue Rolle, die die Zentralbanken durch ihr Eingreifen in der Krise nolens volens übernommen haben, mittel- bis langfristig vor dem Hintergrund ihrer eigentlichen Kernaufgaben und möglicher Vertrauensverluste bewährt, bleibt abzuwarten. Ein Rückfall in alte, vermeintlich rein technische und unpolitische Zeiten steht jedenfalls nicht zu erwarten.

Dieser öffentliche Rollenwechsel ist es, dem auch die Idee für diese Einführung in die Organisation, die Aufgaben und die Instrumente der EZB entsprungen ist. Eine (notwendige)[24] öffentliche Debatte über die EZB und ihre Maßnahmen sowie ihre gewandelte Rolle in der öffentlichen Wahrnehmung, so die Überlegung, setzt grundlegende Kenntnisse in diesem Bereich voraus, um Missverständnisse und allzu pauschale Be- oder Verurteilungen der Akteure im Allge-

[22] Zu diesen Begriffen unten im vierten Kapitel.

[23] *N. Irwin*, Die Alchemisten. Die geheime Welt der Zentralbanker, 2013.

[24] Vgl. auch The Economist, April 13th-19th 2019, S. 11: „There is a genuine need for reflection on central banks' objectives and tools."

meinen und der EZB im Besonderen zu vermeiden. Im Hinblick speziell auf die EZB kommt hinzu, dass ihre Organisation, ihre Aufgaben und Instrumente in beachtlichem Umfang normativ fundiert sind: So wird ihre unabhängige Stellung in Art. 130 und Art. 282 Abs. 3 AEUV explizit betont und garantiert. Ihr Mandat ist ihr in den Unionsverträgen vergleichsweise präzise zugewiesen, ihr vorrangiges Ziel ist nach Art. 127 Abs. 1 S. 1 AEUV die Gewährleistung der Preisstabilität. Darüber hinaus werden der EZB bestimmte Handlungen ausdrücklich untersagt, etwa der unmittelbare Erwerb von Staatsanleihen (Art. 123 Abs. 1 AEUV) – eine Norm, die in der deutschen öffentlichen Wahrnehmung bis heute eine große Rolle spielt. Dieser Befund erklärt auch, warum gerade die deutsche Debatte im Zusammenhang mit der Eurokrise und dem Vorgehen der EZB schnell zugleich (oder sogar vornehmlich) als rechtliche Debatte wahrgenommen und geführt wurde – mit beachtlicher Beteiligung des Bundesverfassungsgerichts.[25] Mit einer Darstellung dieser normativen Grundlagen will diese Einführung insofern auch mit einigen in dieser Hinsicht verbreiteten Mythen und Missverständnissen aufzuräumen versuchen.

Nachdem dazu im folgenden *zweiten Kapitel* zunächst die institutionelle Struktur der EZB, ihre Entscheidungsfindung, ihre Unabhängigkeit und unter anderem die Rolle der nationalen Zentralbanken im Europäischen System der Zentralbanken (ESZB) beleuchtet wird, befasst sich das *dritte Kapitel* mit dem konkreten Mandat der EZB und den ihr zur Verfügung stehenden geldpolitischen Instrumenten. Auch aufgrund eines gewandelten Umgangs der Geschäftsbanken

[25] Das Bundesverfassungsgericht hat in zwei Vorlagen an den Europäischen Gerichtshof Bedenken im Hinblick auf die rechtliche Zulässigkeit des Vorgehens der EZB geäußert. Die Bedenken wurden jeweils zurückgewiesen.

mit dem diesen zugewiesenen Geldschöpfungsprivileg wird sich dabei der vergleichsweise geringe Einfluss offenbaren, der modernen Zentralbanken im heutigen Geldsystem zukommt. In diesem Zusammenhang wird auch der normative Rahmen skizziert, der das Handeln der EZB einhegt und zugleich eine gerichtliche Überprüfung ihrer Tätigkeit ermöglicht. Das *vierte Kapitel* nimmt die besondere Rolle des jeweiligen Präsidenten der EZB etwas näher in den Blick. Auch wenn der Präsident die geldpolitische Ausrichtung der EZB keineswegs, anders als medial teilweise suggeriert, völlig autark gestalten kann, kommt ihm innerhalb der Entscheidungsfindung eine erhebliche Bedeutung zu – die bisherigen drei Präsidenten werden daher in kurzen biographischen Skizzen knapp vorgestellt. Das letzte und *fünfte Kapitel* beleuchtet aktuelle und künftige Herausforderungen für die Währungsunion und die EZB.

Dabei wird sich zeigen, dass die EZB bis heute und trotz der andauernden Eurokrise vor dem Hintergrund ihres konkreten Mandats[26] als erfolgreiche Institution angesehen werden kann. Inflations- oder Deflationsgefahren sind nicht in Sicht und die Eurokrise hatte ihre Ursachen vor allem im Handeln der Mitgliedstaaten und einer verfehlten beziehungsweise defizitären Struktur der Europäischen Währungsunion, an der die EZB allein jedoch nichts zu ändern vermag. Hier ist die Politik gefragt. Bei aller möglicherweise berechtigten Kritik ist es der EZB im Rahmen ihrer Möglichkeiten gelungen, den Staats- und Regierungschefs – in den Worten *Wolfgang Streecks* – Zeit für diese notwendigen Reformen zu kaufen.[27] Bisher wurde diese allerdings noch nicht hinreichend genutzt, auch weil sich innerhalb der EU

---

[26] Was natürlich nicht ausschließt, die Ausgestaltung dieses Mandats als reformbedürftig anzusehen.

[27] *W. Streeck*, Gekaufte Zeit, 2013.

zwei entgegengesetzte wirtschaftspolitische Philosophien mehr oder weniger unversöhnlich gegenüber stehen.[28] Ob und wie es mit der Eurozone und der EZB weitergeht, ist damit alles andere als eindeutig.

---

[28] Siehe auch *D. Seikel/A. Truger*, Die blockierte Vollendung der Europäischen Währungsunion: Plädoyer für eine pragmatische Nutzung von fiskalischen Handlungsspielräumen, Wirtschaft und Gesellschaft 2019, 43 ff.

II. Institutionelle Organisation der EZB

„Sie ist in der Ausübung ihrer Befugnisse und der Verwaltung ihrer Mittel unabhängig. Die Organe Einrichtungen und sonstigen Stellen der Union sowie die Regierungen der Mitgliedstaaten achten diese Unabhängigkeit."
Art. 282 Abs. 3 S. 3 und 4 AEUV

In der Öffentlichkeit wird von der EZB meist als einheitlich handelndem Akteur gesprochen. Es geht dann um die „Geldpolitik *der* EZB" oder die „Entscheidungen *der* EZB". Tatsächlich ist die EZB als juristische Person jedoch nur durch ihre Organe handlungsfähig. Die ihr zugewiesenen Aufgaben nimmt die EZB folglich durch ihre Beschlussorgane, namentlich den EZB-Rat (1) und das EZB-Direktorium (2) wahr, die jeweils eigenständige Befugnisse haben und zudem unterschiedlich besetzt sind.[1] Hinzu kommt der Erweiterte Rat (3), der, als Übergangsorgan gedacht, an sich nur so lange besteht, bis alle Mitgliedstaaten der EU der Eurozone beigetreten sind (wozu sie prinzipiell, bis auf wenige Ausnahmen, rechtlich verpflichtet sind). In allen drei Gremien führt der Präsident der EZB den Vorsitz. Institutionell von besonderer

[1] Ende 2018 ist ein vom EZB-Rat beschlossener Verhaltenskodex für die Mitglieder dieser Gremien erschienen, der auf der Homepage der EZB abgerufen werden kann („Code of Conduct for High-Level ECB Officials").

Bedeutung ist darüber hinaus die unabhängige Stellung der EZB, die sich gerade aus deutscher (verfassungsrechtlicher) Perspektive keineswegs von selbst versteht und im Zusammenhang mit der Eurokrise immer wieder in Frage gestellt worden ist. Sie ist allerdings – wie das Eingangszitat belegt – verbindlich in den Unionsverträgen festgeschrieben (4). Im

Das ESZB

Das ESZB besteht nach Art. 282 Abs. 1 AEUV aus der EZB und allen nationalen Zentralbanken (also auch den Zentralbanken derjenigen Mitgliedstaaten der EU, die dem Eurosystem bisher nicht beigetreten sind). Geleitet wird das ESZB von der EZB und damit vom EZB-Rat und dem Direktorium der EZB.

System der Europäischen Zentralbanken (ESZB) kommt zudem auch den nationalen Zentralbanken eine (allerdings der EZB hierarchisch untergeordnete) Rolle zu (5). Der Sitz der EZB im Frankfurter Stadtteil Ostend hat schließlich zwar keine unmittelbar geldpolitische, aber doch eine nicht zu leugnende symbolische Bedeutung (6).

1. Der EZB-Rat

Aufgaben

Der EZB-Rat bildet das zentrale Beschlussorgan der EZB. Er erlässt alle Leitlinien und Beschlüsse, die notwendig sind, um die Erfüllung der Aufgaben der EZB zu gewährleisten. Der EZB-Rat legt damit unter anderem die Geldpolitik der Union fest, hat das ausschließliche Recht, die Ausgabe von Banknoten innerhalb der Union zu genehmigen – er war es also, der die 2019 abgeschlossene Neugestaltung der Euro-Banknoten sowie die Abschaffung der bisherigen 500 Euro-Note beschlossen hat –, und entscheidet über die Ausgestaltung der internationalen Zusammenarbeit im Bereich der Geldpolitik mit anderen Zentralbanken und Organisationen.[2] Im Ergebnis zeichnet der EZB-Rat somit, vereinfachend wird man das so sagen können, für alle grundlegenden Entscheidungen innerhalb des Zuständigkeitsbereichs der EZB verantwortlich. In der Regel fasst er seine Beschlüsse in einer Form, die der näheren Ausgestaltung entweder durch das EZB-Direktorium oder durch die nationalen Zentralbanken bedarf. Da die Beschlüsse des EZB-Rates zudem überwiegend vom EZB-Direktorium vorbereitet werden, ähnelt das Verhältnis der Beschlussorgane zueinander dem zwischen Gesetzgeber und Regierung in parlamentarischen Regierungssystemen wie dem deutschen oder dem britischen. Der heutige Generalsekretär der Europäischen Kommission, *Martin Selmayr*, bezeichnete den EZB-Rat daher als „währungspolitische Legislative der EZB".[3]

Der EZB-Rat tritt in der Regel zweimal im Monat an seinem Sitz in Frankfurt am Main zusammen. Geldpolitische Beschlüsse werden allerdings nur noch alle sechs Wochen (und nicht mehr monatlich) gefasst. Im Anschluss an diese besonderen Sitzungen findet im Eingangsgebäude der EZB eine Pressekonferenz statt, die vom Präsidenten geleitet wird. Die Finanzwelt schaut auf diese Pressekonferenzen mit besonderem Interesse und analysiert die präsidentielle Wortwahl auf kleinste Unterschiede zu vorherigen Äußerungen. Unbedachte und spontane Äußerungen sind in diesem Zusammenhang eine Seltenheit. Angesichts der Turbulenzen, die auf den Finanzmärkten durch flapsige Bemerkungen des

---

[2] Gewisse Einschränkungen bestehen allerdings für den Bereich der Wechselkurspolitik, wo der ECOFIN, der Rat der Finanz- und Wirtschaftsminister, ebenfalls gewisse Kompetenzen hat (vgl. Art. 219 AEUV). Von diesen macht er allerdings praktisch keinen Gebrauch.

[3] *M. Selmayr*, in: Müller-Graff (Hrsg.), Europäisches Wirtschaftsordnungsrecht, 2015, § 23 Rn. 204.

Präsidenten hervorgerufen werden könnten – nicht zuletzt der erste Präsident der EZB, *Wim Duisenberg*, musste diese Erfahrung machen –, erweist sich diese Vorsicht auch als angebracht. Allerdings zeigt sich hier seit der Finanzkrise eine gewisse Entwicklung: Während zuvor meist sehr viel weniger im Hinblick auf die kommende Geldpolitik preisgegeben wurde und intendierte Schritte allenfalls vage angedeutet oder skizziert wurden, ist die EZB seitdem – gleiches gilt auch für andere Zentralbanken – dazu übergegangen, ihre zukünftige Geldpolitik sehr viel konkreter anzukündigen. Diese sog. „forward guidance" soll zu einer Beruhigung der Finanzmärkte beitragen, indem Spekulationen über die nächsten geldpolitischen Maßnahmen verhindert und Unsicherheiten auf Seiten der Marktteilnehmer verringert werden. Die neue „Ankündigungspolitik" geht jedoch mit gewissen Gefahren für die Glaubwürdigkeit der Zentralbank einher, wenn sie etwa aufgrund (plötzlich) veränderter wirtschaftlicher Rahmenbedingungen nicht in der Lage sein sollte, ihre Ankündigungen umfassend einzuhalten. Es ist insofern immer wieder eine schwierige Aufgabe für den Präsidenten, diesen Spagat zwischen Rechtssicherheit und Glaubwürdigkeit auf der einen und der nötigen Flexibilität der Geldpolitik auf der anderen Seite zu wahren. Auch die Praxis im Hinblick auf die Veröffentlichung der EZB-Ratsprotokolle spiegelt dieses Spannungsverhältnis: Während bis zum Jahr 2015 von den nicht-öffentlichen Ratssitzungen nichts nach außen drang, veröffentlicht der EZB-Rat mittlerweile vor deren Beginn eine kurze Zusammenfassung der letzten geldpolitischen Sitzung.[4] Diese bleibt allerdings eher allgemein und enthält keine Hinweise auf das Abstimmungsverhalten der einzelnen Ratsmitglieder. Nach außen

---

[4] Diese Möglichkeit ist in Art. 10.4. der Satzung der EZB ausdrücklich vorgesehen.

soll die EZB insofern trotz unterschiedlicher Positionen der EZB-Ratsmitglieder möglichst als Einheit auftreten.

Auf den weiteren Sitzungen behandelt der EZB-Rat alle sonstigen Fragen, die in den Zuständigkeitsbereich der EZB fallen. Dabei geht es häufig um eher technische Fragen etwa im Hinblick auf die Organisation des Zahlungsverkehrs. Sofern im Anschluss Pressekonferenzen stattfinden, werden diese medial daher meist weniger aufmerksam verfolgt. Auf diesen nicht-geldpolitischen Sitzungen werden allerdings bisweilen auch finanzaufsichtliche Fragen behandelt, für die die EZB seit Ende 2014 im Rahmen des „Single Supervisory Mechanism" (SSM) verantwortlich zeichnet.[5] Diese Beschlüsse werden allerdings nicht vom Direktorium, sondern von einem besonderen Aufsichtsgremium innerhalb der EZB vorbereitet.

Zusammensetzung

Der EZB-Rat besteht aus den sechs Direktoriumsmitgliedern und den Präsidenten der nationalen Zentralbanken, deren Währung der Euro ist. Da die Eurozone aktuell aus 19 Mitgliedstaaten besteht, hat der EZB-Rat gegenwärtig 25 Mitglieder. Den Vorsitz führt der Präsident der EZB. Während die Mitglieder des Direktoriums nach europäischen Vorgaben (einheitlich) bestellt werden (siehe sogleich), überlässt das Europarecht die Ausgestaltung des Bestellverfahrens der nationalen Präsidenten weitgehend dem nationalen Recht. Vorgeschrieben ist lediglich eine Amtszeit von wenigstens fünf Jahren, zudem wird die Möglichkeit, den nationalen Präsidenten vorzeitig zu entlassen, europarechtlich eingeschränkt. Beide Vorgaben dienen der Sicherstellung der

---

[5] Dazu näher im dritten Kapitel.

Der Sitzungssaal des EZB-Rates

notwendigen persönlichen Unabhängigkeit der EZB-Ratsmitglieder. Im EZB-eigenen Verhaltenskodex werden die Mitglieder in Art. 3 zudem dazu angehalten, „die höchsten Standards im Hinblick auf ethisches Verhalten und Integrität" zu wahren.

In Deutschland richtet sich die Bestellung des Präsidenten der Bundesbank nach den Vorgaben des Bundesbankgesetzes, wonach dieser (aktuell *Jens Weidmann*) auf Vorschlag der Bundesregierung vom Bundespräsidenten für eine Amtszeit von regelmäßig acht Jahren ernannt wird. Eine Wiederernennung ist zulässig, *Jens Weidmann* wurde im Jahr 2019 denn auch für eine zweite Amtszeit ernannt. Eine Beteiligung des Bundestages ist nicht vorgesehen, was angesichts der erheblichen auch politischen Bedeutung des Bundesbankpräsidenten aus verfassungsrechtlicher Sicht nicht völlig unproblematisch (aber wohl als zulässig anzusehen) ist.

Dass das Europarecht zum Bestellverfahren der nationalen Zentralbankpräsidenten mehr oder weniger schweigt, erscheint, in den Worten *Christoph Ohlers*, durchaus „bemerkenswert".[6] Immerhin handelt es sich bei der EZB um ein originäres Unionsorgan, das für die europäische Währungspolitik verantwortlich zeichnet und daher nicht auf die Vertretung nationaler Interessen ausgerichtet ist. Insoweit hätte im Hinblick auf die Bestellung der EZB-Ratsmitglieder eine ähnliche Regelung wie für die Bestellung der Kommissionsmitglieder näher gelegen. Auch bei der Kommission handelt es sich um ein originäres Unionsorgan, dessen Mitglieder im europäischen und nicht im nationalen Interesse tätig werden sollen.[7] Wenngleich die Vorauswahl der einzelnen Kommissare auf nationaler Ebene erfolgt, wird die Entscheidung über die Bestellung und damit die Zusammensetzung der Kommission auf europäischer Ebene getroffen (durch den Europäischen Rat und das Europäische Parlament). Dabei handelt es sich keineswegs um bloße Förmelei: Es kam bereits vor, dass ein durch einen Mitgliedstaat vorgeschlagener Kommissar im Europäischen Parlament scheiterte und in der Folge durch einen anderen Kandidaten ersetzt werden musste. Bei den Präsidenten der mitgliedstaatlichen Zentralbanken ist eine solche Ablehnung angesichts des rein nationalen Bestellverfahrens hingegen nicht möglich. Das mag auf den ersten Blick ein eher theoretisches Problem darstellen. Loyalitätskonflikte aufgrund zu starker Bindung an den Mitgliedstaat – etwa wegen einer angestrebten Wiederernennung – werden durch ein nationales Ernennungsverfahren aber jedenfalls eher gefördert denn vermindert. So äußerte

---

[6] *C. Ohler*, Bankenaufsicht und Geldpolitik in der Währungsunion, 2015, § 2, Rn. 23.

[7] Für einen Überblick über das allgemeine Institutionengefüge der Europäischen Union siehe *A. Thiele*, Europarecht, 16. Auflage 2019, S. 67 ff.

etwa der damalige deutsche Bundesbankpräsident *Jens Weidmann* immer wieder nicht nur in der Öffentlichkeit, sondern sogar als formal Beteiligter in einem Verfahren vor dem Bundesverfassungsgericht heftige Kritik an der Krisenpolitik der EZB. Unabhängig von der Berechtigung der Kritik in der Sache erweist es sich im Europäischen Währungssystem als wenig glücklich, wenn sich nationale Zentralbanken beziehungsweise deren Präsidenten als institutionelle (nationale) Gegenspieler der EZB gerieren. Als Mitglied des EZB-Rates wäre es vielmehr die Aufgabe auch des deutschen Bundesbankpräsidenten gewesen, im EZB-Rat für eine andere, aus seiner Sicht richtige, Geldpolitik zu kämpfen, sich mit Mehrheit gefassten Beschlüssen aber zu fügen und diese nach außen als offizielle Politik der EZB zu vertreten. Sofern das aus seiner Sicht nicht möglich erscheint, erweist sich allein der Rücktritt, nicht aber die öffentliche Erschütterung der Glaubwürdigkeit der EZB als gangbarer Weg.[8] Auch im nationalen Rechtsraum wäre es undenkbar, dass ein Bundesminister in einem Verfahren gegen die Bundesregierung vor dem Bundesverfassungsgericht in seiner Funktion als Minister formal die Position der Kläger vertritt. Zwar ist das nationale Auswahl- und Bestellverfahren gewiss nicht allein ausschlaggebend für ein solches Verhalten. Es könnte aber durch die mit dem Ernennungsverfahren einhergehende Verwurzelung im nationalen Rechtsraum zumindest befördert worden sein. Der Blick auf die Kommission zeigt zumindest, dass bei den meisten Kommissaren schnell eine Emanzipation von nationalen Verwurzelungen eintritt, die auch mit dem europäisierten Bestellverfahren zusammenhängen dürfte. Soll mittelfristig auch die EZB zu einer wahrhaft europäischen Institution werden, spricht also vieles dafür, auch hier zu ei-

---

[8] Diesen Schritt ist der Vorgänger Weidmanns, *Axel Weber*, denn auch gegangen.

nem europäisierten Bestellverfahren zu wechseln, bei dem wenigstens der Europäische Rat formal beteiligt wird.

Abstimmungsverfahren

Im EZB-Rat hat jedes der aktuell 25 ordentlichen Mitglieder eine Stimme. Seine Beschlüsse trifft der EZB-Rat grundsätzlich mit der sogenannten einfachen Mehrheit. Erforderlich sind für einen Beschluss damit mehr Ja- als Nein-Stimmen; Enthaltungen sind möglich, haben auf das Ergebnis jedoch keinen Einfluss. Sollte es zu einer Stimmengleichheit kommen – etwa weil nicht alle Mitglieder mitstimmen oder durch Enthaltungen – entscheidet die Stimme des Präsidenten. Seine besondere Rolle innerhalb der EZB wird dadurch klar erkennbar.[9] Überwiegend wird allerdings im Konsens entschieden. Es wird also versucht, eine Lösung zu finden, mit der sich alle Mitglieder des EZB-Rates arrangieren können. Die formale Geltung des Mehrheitsprinzips verhindert aber nicht nur eine automatische Dominanz großer Mitgliedstaaten, die bei einer Gewichtung der Stimmen nach Größe oder Wirtschaftskraft zwangsläufig einträte, sondern bestätigt zugleich, dass es sich bei der EZB um ein allein unionalen Interessen verpflichtetes Organ handelt. Die Mitglieder sollen unabhängig von nationalen Präferenzen ausschließlich im Sinne der Union agieren – eine Gewichtung der Stimmen nach den typischen nationalen Kriterien wäre vor diesem Hintergrund kaum zu rechtfertigen.[10] So beschließt etwa auch die Europäische Kommission grundsätzlich mit einfacher Mehrheit ihrer Kommissare.

---

[9] Ausführlich zur Stellung des Präsidenten unten im vierten Kapitel.

[10] Siehe auch *H.-J. Jarchow*, Grundriss der Geldpolitik, 2010, S. 127.

Die zunehmende Zahl an Mitgliedstaaten der Eurozone hat allerdings zugleich die Konsequenz, dass der Einfluss der sechs Direktoriumsmitglieder – gewissermaßen die „Regierung der EZB" – stetig abnimmt. Bei der Ausgestaltung der institutionellen Organisation der EZB sollte jedoch sichergestellt werden, dass diese Mitglieder des EZB-Rates einen gewissen „Mindesteinfluss" auf die Geldpolitik behalten, auch um deren Kontinuität zu gewährleisten. Angesichts des rein nationalen Bestellverfahrens für die übrigen EZB-Ratsmitglieder kann es im Hinblick auf die Zusammensetzung durchaus zu plötzlichen Änderungen kommen. Die Satzung der EZB sieht aus diesem Grund eine Rotation des Stimmrechts vor, sobald die Anzahl der Mitglieder des EZB-Rates 21 übersteigt. An sich hätte dieses Rotationssystem daher bereits angewendet werden müssen, als die Zahl der Eurozonen-Mitglieder 16 betrug. Politisch war die Einführung dieses Systems jedoch hoch umstritten, so dass der EZB-Rat von der in seiner Satzung vorgesehenen Möglichkeit Gebrauch machte, das Rotationssystem auszusetzen, bis die Zahl der Eurozonen-Mitglieder 18 übersteigt. Mit dem Eintritt Litauens als 19. Mitglied der Eurozone war aus normativer Sicht die Einführung des Rotationssystems jedoch zum 1.1.2015 nicht mehr zu verhindern.

Beim Rotationssystem bleiben die sechs Direktoriumsmitglieder stets stimmberechtigt, während von den nationalen Zentralbankpräsidenten jeweils nur 15 ihre Stimme abgeben können. Sämtliche Zentralbankpräsidenten genießen aber weiterhin das Anwesenheits- und auch das Rederecht. Es ist mithin selbst ohne Teilnahme an der anschließenden Abstimmung möglich, auf die Meinungsbildung im EZB-Rat einzuwirken – dieser nicht immer kommunizierte Umstand spielt in der Praxis eine durchaus beachtliche Rolle, weil in der Regel im Konsens entschieden wird. Das formale Stimmverhältnis von Direktorium zu Zentralbankpräsidenten wird auf diesem Wege aber dauerhaft auf 6:15 festgelegt. Zur Ermittlung der stimmberechtigten Mitglieder werden die nationalen Zentralbankpräsidenten laut Satzung in zwei Gruppen eingeteilt, wobei hier wiederum nationale Kriterien herangezogen werden. Danach besteht die erste Gruppe aus den Präsidenten der fünf ökonomisch bedeutendsten Zentralbanken. Das sind aktuell neben der deutschen noch die französische, italienische, spanische und niederländische Zentralbank. Dieser ersten Gruppe stehen insgesamt vier Stimmen zu, wobei die Stimmrechte monatlich rotieren. Der deutsche Bundesbankpräsident ist in jedem fünften Monat nicht stimm-, wohl aber rede- und antragsberechtigt. Die aktuell übrigen 14 nationalen Zentralbankpräsidenten fallen in die zweite Gruppe, der insgesamt 11 Stimmen zustehen. Sobald die Eurozone 22 Mitglieder aufweist, erfolgt eine Unterteilung in drei Gruppen, wobei die erste Gruppe weiterhin fünf Mitglieder und vier Stimmrechte aufweist. Die zweite Gruppe mit acht Stimmrechten besteht aus der Hälfte aller Zentralbankpräsidenten, der dritten Gruppe verbleiben insgesamt drei Stimmen.

Nicht zuletzt in Deutschland ist die Einführung des Rotationssystems zuweilen heftig kritisiert worden – der größte Anteilseigner der EZB (Deutschland) ist dadurch nur noch an 80 % der Beschlüsse formal beteiligt. Tatsächlich präsentiert sich dieses Rotationssystem innerhalb des Unionsrechts auch als ein Novum. Insbesondere im Rat der EU, besetzt mit nationalen Ministerinnen und Ministern, wäre dessen Einführung nachgerade undenkbar. Zwischen dem Rat der EU und dem EZB-Rat bestehen freilich auch gewichtige Unterschiede: So hat die EZB zunächst kein allgemein politisches Mandat, das für eine besonders enge demokratische Rückbindung an die Nationalstaaten spräche. Ihr Zuständigkeitsbereich ist auf den Bereich der Geldpolitik begrenzt. Zwar ist dieser Bereich nicht unpolitisch. Doch zeichnet sich

Geldpolitik eben auch dadurch aus, dass es sich zumindest im Alltagsgeschäft um eine eher technische Materie handelt. Der zentrale Unterschied zum Rat der EU, der prinzipiell auch das Rotationssystem rechtfertigt, ist jedoch der Umstand, dass es sich bei der EZB um eine Institution handelt, die allein im unionalen (und nicht nationalen) Interesse tätig werden soll. Das aber ist beim Rat der EU anders. Dieser ist als Gremium konstruiert, in dem nationale Interessen zur Geltung kommen sollen. Das ist keineswegs verwerflich, da die EU als Staatenverbund auf funktionsfähigen Mitgliedstaaten beruht.[11] Als Institution weist die EZB damit Vergleichbarkeiten eher zur Europäischen Kommission auf. Für die Kommission aber sehen die Unionsverträge mittelfristig nicht nur ein Rotationssystem, sondern sogar deren personelle Verkleinerung vor. Damit aber wären für die Dauer einer Amtsperiode einzelne Mitgliedstaaten überhaupt nicht mehr an der Zusammensetzung der Kommission beteiligt. Bisher ist es zwar zu einer solchen Verkleinerung noch nicht gekommen – die Mitgliedstaaten konnten sich nicht darauf einigen, wer auf seinen Kommissionssitz verzichtet. Doch zeigt dies, dass die dauerhafte Vertretung eines jeden Mitgliedstaats in einem unionalen Interessen verpflichteten Organ richtigerweise keine zwingende Notwendigkeit darstellt. Die Einführung des Rotationssystems erscheint vor diesem Hintergrund nicht nur als ein dogmatisch nachvollziehbarer Schritt, sondern könnte auch einen Weg aufzeigen, mit dem mittelfristig eine personelle Verkleinerung der Kommission vorbereitet werden könnte. Allerdings weist der EZB-Rat bis heute einen bedeutenden Unterschied zur Kommission auf. Anders als dort wird im EZB-Rat nur ein kleiner Teil der Mitglieder in einem europäischen Verfahren bestellt. Über die einzelnen Zentralbankpräsidenten ent-

---

[11] Dazu auch *A. Thiele*, Verlustdemokratie, 2. Auflage 2018, S. 23 ff.

scheiden weiterhin die jeweiligen Mitgliedstaaten aus eigener Kompetenz. Das aber steht in einem Spannungsverhältnis zur Einführung eines Rotationsverfahrens. Insofern spricht auch dieser Punkt dafür, mittelfristig auf eine (auch) europäische Bestellung aller EZB-Ratsmitglieder hinzuwirken.

2. Das Direktorium der EZB

Aufgaben

Ordnet man den EZB-Rat als währungspolitische Legislative ein, wird man das Direktorium der EZB als währungspolitische Exekutive bezeichnen können. Die zentrale Aufgabe des Direktoriums ist die Ausführung der Geldpolitik nach Maßgabe der geldpolitischen Beschlüsse und Leitlinien des EZB-Rates. Es hat dazu auch die Befugnis, den nationalen Zentralbanken die erforderlichen Weisungen zu erteilen. Nicht zuletzt die Geschäfte der EZB auf den Sekundärmärkten im Rahmen der sogenannten Offenmarktpolitik[12] werden hauptsächlich von den nationalen Zentralbanken als insoweit unselbständige Elemente des Europäischen Systems der Zentralbanken (ESZB) nach Weisung des Direktoriums durchgeführt.[13] Der EZB-Rat kann zudem bestimmte (unwesentliche) Befugnisse auf das Direktorium übertragen. Schließlich ist das Direktorium auch für die zahlreichen laufenden Geschäfte der EZB zuständig. Dazu gehören unter anderem die typischen Aufgaben einer Verwaltungsbehörde wie Personal-, Finanz- oder Organisationsadministration.

---

[12] Dazu näher im dritten Kapitel.

[13] Zur Stellung und Rolle der nationalen Zentralbanken näher sogleich am Ende dieses zweiten Kapitels.

Die Tätigkeit der Mitglieder des Direktoriums

Über die tägliche Arbeit der Direktoriumsmitglieder ist in der Öffentlichkeit bisher vergleichsweise wenig bekannt. Nachdem die Financial Times gerichtlich die Veröffentlichung der Kalenderdaten erstritten hatte, legten *Harald Badinger* (Wien) und *Volker Nitsch* (Darmstadt) anhand dieser Daten eine erste Analyse der internen Arbeitsplanung vor (What Do Central Bankers Do? Evidence from the European Central Bank's Executive Board, 2019). Wenig überraschend wird das Arbeitsleben der Direktoriumsmitglieder dabei von Routinetätigkeiten geprägt. Montage und Freitage sind tendenziell etwas leerer, die meisten Termine finden sich zwischen Dienstag und Donnerstag. An Wochenenden fanden sich für den zweijährigen Untersuchungszeitraum etwa 200 Termine und damit etwa zwei pro Wochenende – für das gesamte Direktorium. *Mario Draghi* hatte insgesamt 601 Termine, *Benoît Cœuré* 971. Interne Meetings wurden allerdings im Kalender nicht verzeichnet. Meist treffen die Mitglieder dabei Banker aus anderen Staaten, vornehmlich aus Großbritannien und den USA, sowie innerhalb Europas Politiker – meist aus Frankreich oder Deutschland. Interessant und möglicherweise auch problematisch ist allerdings die Feststellung einer bemerkenswerten Nähe der einzelnen Mitglieder zu ihren eigenen Landsleuten.

Einen besonderen Einfluss auf die Tätigkeit des EZB-Rates und damit vor allem auf die geldpolitische Strategie der EZB hat das Direktorium, da diesem auch die Vorbereitung der Sitzungen des EZB-Rates obliegt. Faktisch genießt das Direktorium dadurch ein Initiativrecht für sämtliche EZB-Ratsbeschlüsse;[14] ihm und vor allem dem Präsidenten kommt dadurch eine „erhebliche Gestaltungsmacht“[15] zu. Das Direktorium tritt in der Regel einmal in der Woche am Sitz der EZB zusammen.

---

[14] Ausgenommen sind Beschlüsse im Bereich der Finanzaufsicht, die von einem besonderen Aufsichtsgremium vorbereitet werden.

[15] *C. Ohler*, Bankenaufsicht und Geldpolitik in der Währungsunion, 2015, § 2, Rn. 33.

Zusammensetzung

Dem Direktorium gehören der Präsident, der Vizepräsident sowie vier weitere Mitglieder an. Es besteht damit aus sechs Personen. Den Vorsitz führt – wenig überraschend – der Präsident. Die Auswahl und Bestellung der Direktoriumsmitglieder bedurfte zwingend eines nicht-nationalen, sondern

Die Mitglieder des EZB-Direktoriums (Anfang 2019)
© European Union 2018 – European Central Bank

europäischen Verfahrens – hier liegt insoweit ein wesentlicher Unterschied zu den anderen EZB-Ratsmitgliedern, auf den bereits hingewiesen worden ist und der wohl dazu führt, dass die Mitglieder des Direktoriums „eher dazu neigen dürften, die Interessen des gesamten Währungsraums stärker zu berücksichtigen."[16] Sämtliche Mitglieder des Direktoriums einschließlich des Präsidenten werden danach

---

[16] *H.-J. Hahn/U. Häde*, Währungsrecht, 2. Aufl. 2010, § 16, Rn. 44.

vom Europäischen Rat auf Empfehlung des Rates der EU[17] aus dem Kreis der in Währungs- und Bankfragen anerkannten und erfahrenen Persönlichkeiten mit qualifizierter Mehrheit[18] ausgewählt und ernannt.[19] Das Europäische Parlament und der EZB-Rat werden zuvor angehört. Es handelt sich jeweils um hochpolitische Entscheidungen – erst recht seit der Finanz- und Eurokrise. In der Regel erfolgt eine Einigung auf die betreffenden Persönlichkeiten daher bereits im Vorfeld, wobei es – wie stets – auch um Proporzfragen geht. Dennoch spielt die geldpolitische Qualifikation eine besondere Rolle. Dass etwa Politiker ohne jede Erfahrung im Finanzbereich ausgewählt würden, ist bisher nicht vorgekommen und auch normativ untersagt (das bedeutet allerdings nicht, dass über die konkrete Qualifikation kein politischer Streit aufkommen könnte). Formal ist es nicht ausgeschlossen, dass der EuGH über die Frage der ausreichenden Qualifikation – etwa auf Klage eines übergangenen Mitgliedstaats – entscheidet. In der Praxis dürfte ein solch umstrittener Kandidat von vornherein nicht durch den Europäischen Rat ernannt werden.

Die Amtszeit der Direktoriumsmitglieder beträgt acht Jahre, eine Wiederernennung ist zur Sicherung ihrer Unabhängigkeit unzulässig – hier besteht damit ein Unterschied

---

[17] Der Europäische Rat besteht aus den Staats- und Regierungschefs der EU, während der Rat der EU mit den zuständigen Ministern der Mitgliedstaaten besetzt ist.

[18] Diese setzt voraus, dass mindestens 55 % der Mitgliedstaaten, gebildet aus mindestens 15 Mitgliedstaaten, der Auswahl und Benennung zustimmen, sofern die von diesen vertretenen Mitgliedstaaten zusammen mindestens 65 % der Bevölkerung der Union ausmachen (sog. „doppelte Mehrheit“).

[19] Auch die Mitglieder des Direktoriums müssen, wie die übrigen Mitglieder des EZB-Rates, nach dem EZB-eigenen Verhaltenskodex zudem die höchsten Standards im Hinblick auf ethisches Verhalten und Integrität wahren.

zu manchen nationalen Regelungen für die jeweiligen Zentralbankpräsidenten. Mitglieder des Direktoriums müssen zudem die Staatsangehörigkeit eines Mitgliedstaats der Eurozone besitzen. Rechtlich möglich (wenngleich politisch schwer vorstellbar)[20] wäre es, dass eine Staatsangehörigkeit im Direktorium mehrfach vertreten ist – auch hier zeigt sich in besonderer Weise, dass es bei der EZB im Allgemeinen und dem Direktorium im Besonderen nicht um die Vertretung nationaler Interessen geht. Eine Amtsenthebung der Direktoriumsmitglieder ist allein durch den EuGH möglich, bisher allerdings noch nicht vorgekommen. Voraussetzung ist, dass die jeweilige Person entweder die Voraussetzungen für die Ausübung des Amtes nicht mehr erfüllt oder eine schwere Verfehlung begangen hat (wobei nicht völlig klar ist, was darunter im Einzelnen zu fassen ist).

Abstimmungsverfahren

Das Direktorium beschließt, soweit nichts anderes bestimmt ist, mit der einfachen Mehrheit der abgegebenen Stimmen. Parallel zur Regelung im EZB-Rat entscheidet bei Stimmengleichheit die Stimme des Präsidenten. Zulässig ist auch eine Beschlussfassung im schriftlichen Umlaufverfahren oder – wenn es besonders schnell gehen muss – per Telefonkonferenz. In der Regel wird aber im Konsens, mithin ohne formale Abstimmung, entschieden.

[20] Das hat sich nicht zuletzt bei der Ernennung *Jean-Claude Trichets* zum Präsidenten gezeigt. Siehe dazu die Ausführungen im vierten Kapitel.

3. Erweiterter Rat der EZB

Aufgaben

Die Existenz des Erweiterten Rates sagt viel über den Zustand der Währungsunion. Als prinzipiell temporäres Organ besteht er nach Art. 141 Abs. 1 AEUV nur „sofern und soweit es Mitgliedstaaten gibt, für die eine Ausnahmeregelung gilt", d.h. solange es Mitgliedstaaten der EU gibt, die der Eurozone (noch) nicht angehören.[21] Gegenwärtig sind das immerhin neun Mitgliedstaaten (einschließlich Großbritannien), die entweder aus ökonomischen Gründen oder aus freiwilligem (und von den Verträgen akzeptiertem) Entschluss der Währungsunion bisher nicht beigetreten sind. Aus der Regelung des Art. 141 AEUV wird aber deutlich, dass die Unionsverträge weiterhin am normativen Ziel einer die gesamte EU umfassenden Währungsunion festhalten. Der Erweiterte Rat dient bis zu diesem Zeitpunkt – ob er jemals erreicht werden wird, ist allerdings mehr als fraglich – der Verklammerung des Eurosystems mit den Zentralbanken der nicht am Euro partizipierenden Mitgliedstaaten. Er sorgt auf diese Weise zum einen für die notwendige Abstimmung der Geldpolitiken und zum anderen für die erforderliche Vorbereitung der betreffenden Zentralbanken für ihre spätere Tätigkeit innerhalb der Eurozone. Er erfüllt damit eine „Brücken- und Scharnierfunktion".[22] Daher unterrichtet der Präsident der EZB den Erweiterten Rat nicht zuletzt über sämtliche Beschlüsse, die der EZB-

---

[21] Diese Mitgliedstaaten werden von den Unionsverträgen daher auch als „Mitgliedstaaten mit Ausnahmeregelung" bezeichnet, vgl. Art. 139 Abs. 1 AEUV.

[22] *M. Selmayr*, in: P.-C. Müller-Graff, Europäisches Wirtschaftsordnungsrecht, 2015, § 23, Rn. 212.

Rat getroffen hat. Der Erweiterte Rat tritt in der Regel vierteljährlich am Sitz der EZB zusammen. Er trifft allerdings keine rechtsverbindlichen Beschlüsse, kann also die Zentralbanken außerhalb der Eurozone nicht zu einer bestimmten Form der Geldpolitik zwingen.

Zusammensetzung

Der Erweiterte Rat besteht aus dem Präsidenten und Vizepräsidenten der EZB sowie den Präsidenten der Zentralbanken aller Mitgliedstaaten. Gegenwärtig hat er damit 30 Mitglieder. Ohne Stimmrecht können die anderen Mitglieder des Direktoriums an den Sitzungen teilnehmen. In der Praxis nehmen auch die Präsidenten der Zentralbanken derjenigen EU-Beitrittskandidaten an den Sitzungen teil, deren Beitrittsvertrag unterzeichnet ist und deren EU-Beitrittsdatum damit bereits absehbar ist. Den Vorsitz hat der Präsident der EZB.

Abstimmungsverfahren

Seine Beschlüsse fasst der Erweiterte Rat grundsätzlich mit einfacher Mehrheit, möglich ist unter bestimmten Voraussetzungen auch die Beschlussfassung im schriftlichen Verfahren.

4. Die unabhängige Stellung der EZB

Die EZB als Organ der EU

Die EZB gehört seit dem Vertrag von Lissabon aus dem Jahre 2009[23] zu den sieben Hauptorganen der EU, weist allerdings einige Besonderheiten auf. So ist sie als einziges Organ der EU mit Rechtsfähigkeit ausgestattet, kann also im eigenen Namen (und nicht für die EU als Ganzes) vertragliche Pflichten begründen. Ihr kommt zudem eine auf den Bereich der Währungspolitik begrenzte Völkerrechtsfähigkeit zu und sie ist – nicht zuletzt in den USA – insoweit als eigenständiger internationaler Akteur (etwa in entsprechenden internationalen Organisationen wie dem IWF) weltweit akzeptiert. Die EZB verfügt über eigenes Kapital (aktuell rund 10,8 Milliarden Euro), das kein Bestandteil des EU-Haushalts ist. Alleinige Zeichner und Inhaber des Kapitals sind die nationalen Zentralbanken. Innerhalb der EU ist allerdings zu beachten, dass die EZB jedenfalls im Bereich ihrer Kernkompetenz – der Geldpolitik – bis auf Weiteres nicht für die gesamte Union, sondern nur für die Mitglieder der Eurozone zuständig ist. Sie ist also weniger die Zentralbank der EU, als vielmehr die Zentralbank der Eurozone.

Unabhängigkeit der EZB

Die größte Besonderheit im Vergleich zu den anderen Organen (wenn man vom Europäischen Gerichtshof absieht) liegt in der unabhängigen Stellung der EZB. Unabhängigkeit bedeutet, wie im Eingangszitat des Kapitels deutlich

---

[23] Zur Entwicklung siehe im Überblick *A. Thiele*, Europarecht, 16. Auflage 2019, S. 12 ff.

wird, vornehmlich die Unabhängigkeit der EZB von anderen Unionsorganen und den Mitgliedstaaten bei der Wahrnehmung ihrer geldpolitischen Aufgaben. Mit der Bestellung der Direktoriumsmitglieder beziehungsweise der nationalen Zentralbankpräsidenten endet mithin der Einfluss der Mitgliedstaaten und anderer politischer Institutionen auf die Tätigkeit der EZB. Weisungen inhaltlicher Art oder andere (versuchte) Einflussnahmen sind unzulässig. Eine solche Unabhängigkeit findet sich zwar auch bei anderen Stellen der europäischen Verwaltung. Angesichts ihrer vertraglichen Fundierung und ihrer Ausgestaltung im Einzelnen erweist sich die spezifische Unabhängigkeit der EZB aber als Besonderheit im institutionellen Gefüge der Union. Im Zusammenhang mit der Eurokrise ist diese unabhängige Stellung daher von verschiedenen Seiten immer wieder in Frage gestellt worden. Und in der Tat: Angesichts der erheblichen (politischen) Bedeutung, die der EZB jedenfalls seit ihrem Rollenwechsel hin zu einer stärker intervenierenden Institution zukommt, stellt sich die Frage, wie sich diese unabhängige Stellung normativ rechtfertigen lässt. Denn diese unabhängige Stellung geht notwendig mit einer Nichtabwählbarkeit der Zentralbanker einher. Selbst wenn die Mehrheit oder sogar sämtliche Staats- und Regierungschefs einschließlich der jeweiligen Bevölkerungen mit der Tätigkeit der EZB unzufrieden sein sollten, könnten sie diese folglich zwar öffentlich oder auf informellen Treffen kritisieren,[24] aber keine Änderung der Geldpolitik durch Abberufung der EZB-Ratsmitglieder herbeiführen oder erzwingen. Die Eurokrise hat diese Konsequenzen verdeutlicht: Wer Unabhängigkeit verlangt (hat), wird damit leben müssen, nicht mit allen Entscheidungen

---

[24] Zu den Grenzen solcher öffentlichen Kritik an der EZB siehe sogleich.

einverstanden zu sein, ohne dem durch personelle Wechsel begegnen zu können.[25]

Auch wenn in der Öffentlichkeit ein anderer Eindruck vermittelt wird, ist die unabhängige Stellung der EZB aus diesem Grund keineswegs eine Selbstverständlichkeit und zwar weder aus historischer, noch aus ökonomischer und erst recht nicht aus demokratietheoretischer Perspektive. Gerade der letzte Aspekt spricht angesichts der erheblichen ökonomischen und gesamtgesellschaftlichen Auswirkungen der Geldpolitik prima facie dafür, Zentralbanken im Allgemeinen und die EZB im Besonderen in den hierarchischen Verwaltungsaufbau und damit in die polit-demokratische Verantwortlichkeit zu integrieren und an die politischen (und damit abwählbaren) Funktionsträger zu koppeln. Bei den ersten Zentralbanken war das auch stets der Fall.[26] Erst als im Laufe des 19. und 20. Jahrhunderts die vornehmliche Aufgabe der Zentralbanken nicht mehr in der Finanzierung der Staaten, sondern zunehmend in der Sicherung der Geldwertstabilität gesehen wurde, sich die Zentralbanken also von „Banken der Staaten" zu „Banken der Banken" transformierten,[27] kam in der Ökonomie eine Debatte über die passende institutionelle Stellung auf. Denn aufgeworfen war damit die Frage, ob beziehungsweise inwieweit eine politisch abhängige Zentralbank zur Wahrnehmung dieser Aufgabe effektiv überhaupt in der Lage ist. Als problematisch wurden vor allem mögliche Interessenkonflikte auf Seiten der Regierung gesehen, die die auf Vertrauen basierende Funk-

---

[25] Siehe auch *M. Hellwig*, Target-Falle oder Empörungsfalle?, Discussion Papers of the Max Planck Institute for Research on Collective Goods, 2019/5, S. 12.

[26] Siehe dazu *A. Thiele*, Finanzaufsicht, 2014, S. 188 ff.

[27] Vgl. *M. Hellwig*, Target-Falle oder Empörungsfalle?, Discussion Papers of the Max Planck Institute for Research on Collective Goods, 2019/5, S. 4.

tionsfähigkeit einer für Geldwertstabilität zuständige Zentralbank beeinträchtigen könnten. So kann eine Regierung etwa im Verhältnis zur Fiskal-, Lohn- und Beschäftigungspolitik Interesse an Inflation begünstigenden Maßnahmen haben. Zudem besteht vornehmlich in Wahlkampfzeiten die Gefahr, dass eine Regierung eine Geldmengenexpansion in Betracht zieht, um von den kurzfristigen, die Wirtschaft stimulierenden Effekten zu profitieren, ohne die langfristig preistreibenden Folgen hinreichend zu berücksichtigen. Schon die Erwartung eines solchen Verhaltens der Regierung könnte auf Seiten der Marktteilnehmer das Vertrauen in eine abhängige Zentralbank zerstören und zu einem inflationären Umfeld beitragen – Beteuerungen der politischen Akteure von solchen Einflussnahmen abzusehen, wären schlicht unglaubhaft.

Zu Anfang des 20. Jahrhunderts wurde die Frage der institutionellen Stellung einer Zentralbank in der Ökonomie noch vergleichsweise offen diskutiert. Erst in den 90er Jahren entwickelte sich das mit den skizzierten Interessenkonflikten begründete Erfordernis der Unabhängigkeit zu einem, wenn nicht gar dem zentralen Baustein moderner Zentralbanktheorie, die schließlich in der Errichtung der vielleicht „unabhängigsten Zentralbank der Welt" – der EZB – ihren vorläufigen Endpunkt finden sollte.[28] Mittlerweile mehren sich zwar wieder die Stimmen, die eine unabhängige Stellung der Zentralbank für nicht entscheidend oder sogar für schädlich halten, wenn es darum geht, Preisstabilität zu gewährleisten,[29] und plädieren – neben weiteren Reformen des bestehenden Geldsystems – für eine Demokratisierung der

[28] Vgl. auch *J. Basham/A. Roland*, Policy-making of the European Central Bank during the crisis: Do personalities matter?, Institute for International Political Economy, Working Paper No. 38/2014, S. 10.

[29] Siehe etwa *B. Hayo/C. Hefeker*, Reconsidering central bank independence, European Journal of Political Economy 18 (2002), 653 ff.

Zentralbank. Auf der politischen Ebene streben einige Akteure – unter anderem US-Präsident *Donald Trump* – wieder einen größeren Einfluss auf das Handeln der Zentralbanken an,[30] und auch in Indien oder der Türkei stehen die Zentralbanken von politischer Seite unter erheblichem Druck. Die überwiegende Zahl der Ökonomen hat sich davon jedoch (bisher) nicht beirren lassen und hält am Erfordernis der Unabhängigkeit fest.[31]

Aus demokratietheoretischer Sicht ist diese fortbestehende Mehrheitsmeinung der Ökonomen insofern von Bedeutung, als sich daraus zugleich eine Rechtfertigung für die Herausnahme der Zentralbank aus der die Demokratie im Übrigen prägenden politischen Verantwortlichkeit und Rückführbarkeit sämtlicher Staatsgewalt auf das Staatsvolk begründen lässt.[32] Angesichts des von der ökonomischen Mehrheit vertretenen Zusammenhangs zwischen einer unabhängigen Zentralbank und der Möglichkeit zur Wahrung der Preisstabilität ergibt sich im Ergebnis eine „Rechtfertigung kraft Aufgabe“:[33] Wenn ein solcher Zusammenhang tatsächlich besteht, kann man einer Zentralbank unmöglich die Aufgabe übertragen die Preisstabilität zu wahren ohne

---

D. Jörke, Die Größe der Demokratie 2019, S. 211 spricht von der „neoliberalen Mär unabhängiger Zentralbanken“.

[30] Einfluss kann der amerikanische Präsident dabei vor allem durch seine Personalentscheidungen geltend machen. Diese müssen allerdings vom Senat bestätigt werden.

[31] Eine umfassende Analyse des Problems findet sich auch bei *P. Tucker*, Unelected Power. The Quest for Legitimacy in Central Banking and the Regulatory State, 2018. *Tucker* hält ebenfalls am Erfordernis der Unabhängigkeit fest, zeigt aber Wege auf, wie Zentralbanker gleichwohl besser kontrolliert werden können.

[32] Vgl. zu dieser Verantwortlichkeit *A. Thiele*, Der gefräßige Leviathan, 2019, S. 254 ff.

[33] *M. Höreth*, Die Europäische Union im Legitimationstrilemma, 1999, S. 230.

ihr zugleich die dafür zwingend erforderliche institutionelle Stellung zuzuweisen. Man nähme ihr langfristiges Scheitern dann sehenden Auges in Kauf.

Aus dieser Rechtfertigungskonstruktion ergeben sich zwei wichtige Folgerungen: Erstens greift diese Rechtfertigung der Unabhängigkeit danach allein für die Aufgabe der Gewährleistung der Preisstabilität. Nur insoweit besteht ein ökonomisches Junktim zwischen möglicher Aufgabenwahrnehmung und institutioneller Stellung. Sofern eine Zentralbank noch weitere Aufgaben übernehmen soll, bedarf es folglich anderer Gründe, die eine Herausnahme aus der demokratischen Verantwortlichkeit tragen, wenn auch für diese Aufgaben eine unabhängige Stellung vorgesehen ist. Und zweitens folgt die Rechtfertigung der unabhängigen Stellung nicht aus der besonderen Expertise, Kompetenz oder Sachkunde der Zentralbanker, wie bisweilen angenommen wird. Eine solche Rechtfertigung der unabhängigen Stellung einer behördlichen Institution wäre aus demokratietheoretischer Sicht auch inakzeptabel, da damit das Erfordernis der Rückkopplung der staatlichen Gewalt an das Staatsvolk mittelfristig unterlaufen würde.[34] Warum, so wäre umgehend zu fragen, sollte eine solche „Herrschaft der Experten“ nicht auch in anderen Bereichen etabliert werden, wenn diese aufgrund ihrer Sachkenntnis doch sehr viel besser geeignet sind, „gute“ beziehungsweise „richtige“ Entscheidungen zu treffen? Ein entsprechender Ansatz, der zuletzt etwa von *Jason Brennan* vertreten worden ist,[35] verkennt bereits den Umstand, dass es in einer auf Freiheit und Gleichheit beruhenden Herrschaftsordnung wie der Demokratie außerhalb parlamentarischer Entscheidungsprozesse keine Maßstäbe gibt, mit deren Hilfe

---

[34] Siehe dazu bereits *A. Thiele*, Verlustdemokratie, 2. Auflage 2018, S. 282 ff.

[35] *J. Brennan*, Gegen Demokratie: Warum wir die Politik nicht den Unvernünftigen überlassen dürfen, 2017.

sich objektiv ermitteln ließe, welche Entscheidungsalternative als „richtig" oder „besser" angesehen werden kann. Dies gilt auch in der Ökonomie und erst recht in der Geldpolitik. Gerade in der Eurokrise hat sich gezeigt, dass die ökonomischen Experten praktisch in zwei Lager gespalten waren. Tatsächlich können also auch Experten stets nur angeben, was sie für die Wahrheit halten ohne aber wissen zu können, ob es sich tatsächlich um die Wahrheit handelt.[36] Am Ende gilt daher auch hier: Auctoritas, non veritas facit legem.[37]

Die unabhängige Stellung der EZB geht allerdings nicht so weit, dass die Geldpolitik der EZB nicht kritisiert werden dürfte. Für Kritik durch Vertreter der Wissenschaft und der (Fach-) Medien gilt das ohnehin ganz selbstverständlich – Geldpolitik findet nicht im diskursfreien Raum statt. In einem demokratischen System darf keine Institution annehmen, kritiklos agieren zu dürfen. Tatsächlich kann sich solche Kritik auch positiv auf die Tätigkeit der EZB auswirken, indem diese immer wieder gezwungen wird, die Richtigkeit der eigenen Entscheidungen zu reflektieren und die vorgeschlagenen Handlungsalternativen sorgsam zu prüfen, ohne dass sich die Kritik notwendig in den eigenen Handlungen widerspiegeln müsste. Ein solcher externer Input kann die Entscheidungsfindung innerhalb der Zentralbank rationalisieren und insgesamt zu einer „besseren" Geldpolitik beitragen. Eine öffentliche Debatte vermag damit zugleich die fehlende politische Verantwortlichkeit (und Abwählbarkeit) partiell zu kompensieren. Es ist einer Zentralbank daher anzuraten, öffentliche Kritik nicht völlig unbeachtet zu lassen, sondern in die Erläuterung der eigenen Entscheidungen zu integrieren. Es ist im Übrigen keinesfalls verwerflich

[36] Zur daraus folgenden Aufgabenteilung zwischen Experten und Politikern siehe *A. Thiele*, Verlustdemokratie, 2. Auflage 2018, S. 282 ff.

[37] Autorität und nicht Wahrheit bestimmt das Gesetz.

und sollte in der Öffentlichkeit auch nicht so aufgefasst werden, wenn eine Zentralbank Entscheidungen vor dem Hintergrund der öffentlichen Kritik anpassen oder modifizieren sollte. Kommentare wie „Die Zentralbank ist umgefallen", sind wenig hilfreich. Es wäre kaum zweckmäßig, wenn eine Zentralbank nur deshalb an einer auch selbst mittlerweile für unrichtig gehaltenen Entscheidung festhalten sollte, um nicht den Eindruck zu erwecken, auf externe Kritik reagiert zu haben. Unabhängigkeit manifestiert sich nicht im unbedingten Festhalten an getroffenen Entscheidungen und darf (auch von Seiten der Zentralbanker) nicht mit Beratungsresistenz verwechselt werden – auch wenn es natürlich ebenso wenig sinnvoll wäre, wenn die Zentralbank sich wie ein Fähnchen im Wind nach der öffentlichen Meinung richten sollte. Maßstab muss für die Zentralbanker stets die aus ihrer Sicht ökonomisch zutreffende Entscheidung sein, was – gerade bei zum Teil drastisch formulierter Kritik – ein ausreichendes Maß an innerer Unabhängigkeit und Souveränität voraussetzt.

Kritik von politischer Seite könnte möglicherweise anders zu bewerten sein. Erweist es sich also als zulässig, wenn ein deutscher Politiker das Handeln der EZB öffentlich für das Erstarken der AfD verantwortlich macht oder den Präsidenten der EZB als „Falschmünzer" bezeichnet? Immerhin zielt die unabhängige Stellung der EZB darauf ab, Weisungen und Einflussnahmen von politischer Seite zu unterbinden. Kritik von politischer Seite ist zwar formal keine Weisung, kann einer solchen aber, je nachdem wie und von wem sie formuliert ist, durchaus nahe kommen. Auch insoweit wird man zwar sagen können, dass es von den Zentralbankern erwartet werden muss, sich von entsprechenden Aussagen nicht beeinflussen zu lassen. Allerdings wird diese innere Unabhängigkeit in diesen Fällen unter Umständen auf eine sehr harte Probe gestellt. Als problematisch erweist sich jedoch vor allem, dass Zentralbanker dazu neigen könnten, entsprechende Kritik pauschal zu übergehen, um dadurch ihre tatsächliche Unabhängigkeit öffentlich zu belegen – und zwar selbst dann, wenn sie möglicherweise ansonsten anders entschieden hätten. Gutgemeinte Kritik kann dann zu schlechteren Zentralbankentscheidungen führen – ein Ergebnis, an dem auch die kritisierenden Politiker kein wirkliches Interesse haben können.[38]

Daraus sollte normativ allerdings nicht der Schluss gezogen werden, dass politischen Entscheidungsträgern jede Form der Stellungnahme zu Entscheidungen der Zentralbank per se untersagt wäre – zumal sich auch die EZB immer wieder allgemein wirtschaftspolitisch äußert und Kritik übt. Wie *Milton Friedman* bereits festgestellt hat, ist die Geldpolitik schlicht zu wichtig für die Prosperität einer Gesellschaft, um sie nur den Zentralbankern zu überlassen.[39] Oder, anders ausgedrückt: Auch politische Funktionsträger müssen über Geldpolitik reden dürfen. Gut gemeinte Ratschläge in Form von sachlich vorgetragenen Argumenten sind also zulässig. Die Praxis bestätigt diesen Befund, ohnehin scheint die Berufung zum Zentralbanker – dem Becket-Effekt[40] folgend – regelmäßig mit der

---

[38] Zu so einem wenig glücklichen Ergebnis könnte es im Juni 2019 in den USA tatsächlich gekommen sein. So vermuten zumindest einige Beobachter, dass die amerikanische Zentralbank von zu diesem Zeitpunkt gut vertretbaren Zinssenkungen zumindest auch deshalb absah, weil sie der amerikanische Präsident *Donald Trump* zuvor so vehement eingefordert hatte.

[39] *Milton Friedman*, Should There Be an Independent Bank?, in: Yeager (Hrsg.), In Search of a Monetary Constitution, 1962, 219 (219): „Money is too important to be left to the central bankers." Friedman sprach sich daher allerdings bereits gegen die unabhängige Stellung als solche aus.

[40] *Thomas Becket* war zunächst Lordkanzler und Ratgeber des Königs Heinrich II. und wurde im Jahr 1162 zum Erzbischof von Canterbury ernannt. Hier vertrat er anschließend so vehement die Interessen

Ausbildung eines angemessenen Unabhängigkeitsbewusstseins verknüpft zu sein. Problematisch werden Äußerungen politischer Funktionsträger aber, wenn der Ton fordernd wird und sich erkennbar mit einer gewissen Erwartungshaltung verbindet. Allerdings wird dies – solange nicht zugleich mit möglichen Konsequenzen und Sanktionen gedroht wird – oftmals mehr eine Frage des guten politischen Stils als wirkliche Rechtsfrage sein. *Mario Draghi* als „Falschmünzer" zu bezeichnen – wie es *Alexander Dobrindt* von der CSU getan hat – ist insofern ebenso zulässig wie nicht sonderlich niveauvoll. Jedenfalls lässt sich eine klare Grenze, wann das Feld des guten Ratschlags verlassen und der Boden der normativ unzulässigen Einflussnahme betreten wird, nur schwer angeben. Es wäre aber auch utopisch, mit der unabhängigen Stellung der Zentralbank ein Ende jeden politischen Drucks verknüpfen zu wollen. Die unabhängige Stellung schafft vielmehr eine notwendige, wenngleich nicht immer hinreichende Voraussetzung, damit die Zentralbanker solchem Druck standzuhalten vermögen. Zudem dürfte es für den demokratischen Prozess im Ergebnis wohl bedrohlicher sein, würde jede Form der Kritik aus einem falsch verstandenen Unabhängigkeitsverständnis unterbleiben, als wenn normativ weitgehend zulässige Kritik die Grenzen des guten Stils im Einzelfall einmal überschreiten sollte. Auch dies spricht für eine gewisse Zurückhaltung bei der Bestimmung möglicher „Kritikgrenzen" für Politiker.

---

der Kirche (und nicht des Königs), dass er schließlich von Getreuen des Königs ermordet wurde.

5. Die nationalen Zentralbanken

Die nationalen Zentralbanken sind, wie es in der Satzung der EZB heißt, „integraler Bestandteil“ des Europäischen Systems der Zentralbanken, dem die EZB vorsteht. Sie sind damit in besonderer Weise in den europäischen Währungsverwaltungsverbund integriert. Auch wenn sie formal weiterhin nationale Institutionen bleiben, muss ihre (institutionelle) Ausgestaltung daher den europäischen Vorgaben entsprechen. Diese Vorgaben unterscheiden sich abhängig davon, ob es sich um eine Zentralbank der Eurozone oder um eine Zentralbank außerhalb der Eurozone handelt.

Nationale Zentralbanken der Eurozone

Zentralbanken von Mitgliedstaaten, die der Eurozone angehören, sind zwangsläufig besonders eng mit der EZB verknüpft. Mit dem Beitritt zur Währungsunion verfügen sie über keinerlei eigenständige geldpolitische Kompetenzen mehr. Insoweit ist nur noch die EZB zuständig. Auch hinsichtlich der institutionellen Stellung der Zentralbank sowie der persönlichen Unabhängigkeit des jeweiligen Präsidenten sind die Gestaltungsbefugnisse dieser Mitgliedstaaten eingeschränkt (s.o.). Die Entlassung eines Präsidenten ist etwa nur unter sehr engen Voraussetzungen möglich und kann im Zweifelsfall durch den Europäischen Gerichtshof überprüft werden, was in der Praxis auch bereits geschehen ist.[41] Da auch die Rechts- und Völkerrechtsfähigkeit der nationalen Zentralbank europarechtlich vorgegeben ist, besteht ein nationaler Gestaltungsspielraum letztlich allein im Hinblick

---

[41] Siehe dazu zuletzt etwa die Entscheidung des EuGH in der verb. Rs. C-202/18 vom 26.2.2019, in der der EuGH die vorläufige Entlassung des lettischen Zentralbankpräsidenten für nichtig erklärte.

Die Deutsche Bundesbank ist mittlerweile in das Eurosystem integriert und damit der EZB jedenfalls in geldpolitischen Fragen untergeordnet
Foto: Wolfgang Pehlemann, CC BY-SA 3.0 de

auf das übrige Personal und die Größe und Eigentumsstruktur der Zentralbank.[42] Allerdings muss die Größe zu jeder Zeit ausreichen, um die europarechtlich übertragenen Aufgaben effektiv wahrnehmen zu können. Dazu gehört insbesondere die Durchführung der geldpolitisch beschlossenen Maßnahmen, für die die EZB die nationalen Zentralbanken heranzieht. Die nationalen Zentralbanken sind zu einer solchen Durchführung rechtlich verpflichtet. Im Zusammenhang mit der Eurokrise stand es etwa der Bundesbank nicht frei, die beschlossenen und hoch umstrittenen Anleiheankäufe im Auftrag der EZB zu tätigen – die EZB ist den nationalen Zentralbanken übergeordnet. Sofern eine nationale Zentralbank diesen Anforderungen nicht nachkommen

[42] Für die Deutsche Bundesbank siehe dazu den Überblick bei *H.-J. Jarchow*, 2010, Grundriss der Geldpolitik, S. 52 ff.

sollte, kann die EZB den Europäischen Gerichtshof anrufen. Dazu ist es bisher allerdings noch nicht gekommen und dies wäre der (geldpolitischen) Glaubwürdigkeit der EZB auch alles andere als förderlich.

Die Mitgliedstaaten können ihrer Zentralbank allerdings weitere Aufgaben außerhalb des Eurosystems zuweisen. Nicht selten sahen die nationalen Regelungen bis 2014 etwa eine Beteiligung ihrer Zentralbank an der nationalen Finanz- und Bankenaufsicht vor. Auch die Deutsche Bundesbank war und ist in diesem Bereich (wenn auch in verfassungsrechtlich fragwürdiger Weise)[43] stark involviert. Seit Ende 2014 wird diese Aufgabe allerdings für die Eurozone ohnehin im Kern von der EZB im Verbund mit den nationalen Aufsichtsbehörden im Rahmen des SSM wahrgenommen.[44]

Weiterhin von großer Relevanz ist die sogenannte „Emergency Liquidity Assistance" (ELA), die im Zusammenhang mit der Eurokrise auch einer größeren Öffentlichkeit bekannt geworden ist. Hierbei geht es um die Ausstattung des nationalen Bankensystems mit der erforderlichen Liquidität im Krisenfall – eine Aufgabe, die nach überwiegender Ansicht auch innerhalb des Eurosystems weiterhin in der Zuständigkeit der nationalen Zentralbanken verblieben ist, da es sich nicht um Geldpolitik im engeren Sinne handelt. Dennoch besteht hier kein Freibrief für die nationalen Zentralbanken. Auch wenn sie in diesem Bereich funktional mithin als nationale Behörden tätig werden, dürfen sie nicht die Ziele und Aufgaben des Eurosystems gefährden. Gerade die Liquiditätsausstattung krisengeschüttelter Banken kann die Preisentwicklung beeinflussen und damit die Gewährleistung der Preisstabilität als zentrale Aufgabe der EZB beein-

---

[43] Zu diesen Bedenken ausführlich *A. Thiele*, Finanzaufsicht, 2014, S. 368 ff.

[44] Siehe dazu die Ausführungen im dritten Kapitel.

trächtigen. Auch wenn sich die nationalen Zentralbanken prinzipiell an diese Beschränkung halten sollten, kann der EZB-Rat daher mit einer Zwei-Drittel-Mehrheit feststellen, dass die konkrete Aufgabenwahrnehmung nicht (mehr) mit den Zielen und Aufgaben des ESZB vereinbar ist. Die nationale Zentralbank hat die Maßnahme dann umgehend zu unterlassen. Im Zusammenhang mit der Vergabe von ELA-Krediten im Rahmen der Eurokrise hat der EZB-Rat von dieser Befugnis mehrfach Gebrauch gemacht, nicht zuletzt durch die verbindliche Vorgabe von Höchstgrenzen für die Vergabe nationaler Hilfskredite. In der Öffentlichkeit ist dadurch der Eindruck entstanden, dass die EZB selbst für die Vergabe dieser Kredite zuständig zeichnet. Formal-rechtlich ist das, wie dargelegt, nicht der Fall. Den tatsächlichen Machtverhältnissen dürfte diese Ansicht aber durchaus nahe kommen.

Nationale Zentralbanken außerhalb der Eurozone

Die nationalen Zentralbanken von Mitgliedstaaten außerhalb der Eurozone – also die bulgarische, dänische,[45] kroatische, polnische, rumänische, schwedische, tschechische, ungarische und britische Zentralbank – sind zwar Mitglieder des ESZB, ihre Integration in den europäischen Währungsverbund ist aber zwangsläufig nicht so ausgeprägt wie bei den Zentralbanken der Eurozone. Sie sind daher von zahlreichen Verpflichtungen und Regelungen des Eurosystems ausgenommen, wobei hier wiederum für die britische Zentralbank gewisse Sonderbestimmungen bestehen. Über ihre

[45] Dänemark ist als einziger Mitgliedstaat dieser Gruppe auch Mitglied des Wechselkursmechanismus II, woraus sich einige rechtliche Besonderheiten ergeben, die an dieser Stelle jedoch nicht behandelt werden sollen.

Mitgliedschaft im Erweiterten Rat der EU findet eine enge Abstimmung im Hinblick auf die Geldpolitik der EZB statt. Das Erfordernis der Unabhängigkeit gilt allerdings auch für diese nationalen Zentralbanken.

Das ESZB als zentralistisch-hierarchische Verbund- und Verantwortungsstruktur

Das Zusammenspiel zwischen EZB auf der einen und den nationalen Zentralbanken auf der anderen Seite präsentiert sich damit als eine besondere Verbundstruktur, in der beiden Ebenen die Verantwortung für die Währungspolitik gemeinsam zugewiesen ist. Allerdings steht die EZB hier eindeutig an der Spitze dieses Verantwortungsverbundes, während die nationalen Zentralbanken vornehmlich für die Durchführung der geldpolitischen Maßnahmen herangezogen werden. Von einem dezentralen oder gar föderalen System wird man daher im Bereich der Geldpolitik nicht sprechen können. Passend erscheint eher der Begriff der „Dekonzentration“, der zum Ausdruck bringt, dass die EZB stets über den Umfang der von den nationalen Zentralbanken wahrgenommenen Aufgaben entscheiden kann. Es besteht also anders als in einem föderalen System ein eindeutiges Über-/Unterordnungsverhältnis. Personelle Überschneidungen – die Präsidenten der nationalen Zentralbanken sitzen im EZB-Rat – schwächen dieses Subordinationsverhältnis allenfalls partiell ab. Faktisch jedenfalls steht es der EZB mehr oder weniger frei, geldpolitische Operationen unmittelbar selbst und damit ohne Rückgriff auf die nationalen Zentralbanken im Sinne einer vollständigen oder wenigstens partiellen Zentralisierung vorzunehmen. Sie hat zudem die Möglichkeit, mit einer bestimmten Aufgabe nur einzelne, aber nicht sämtliche nationalen Zentralbanken zu betrauen.

6. Der Sitz der EZB

Hoheitliche Macht ist (zumindest auch) mit konkreten Orten verknüpft. Washington, Berlin oder Brüssel: Wer diese Orte im politischen Diskurs fallen lässt, meint selten die Stadt oder berichtet von touristischen Erfahrungen, bezieht sich vielmehr auf bestimmte Staaten beziehungsweise den Staatenverbund EU. Ein ähnliches Phänomen zeigt sich auch bei anderen einflussreichen (innerstaatlichen) Institutionen. Beispielhaft sei für Deutschland das Bundesverfassungsgericht erwähnt („Karlsruhe wird entscheiden müssen"). Bei der Bezugnahme auf entsprechende „Machtorte" wird auf Seiten des Zuhörers immer ein bestimmtes Bild vor dem geistigen Auge entstehen, das mit konkreten Geschehnissen oder Erfahrungen zusammenhängt. Wer Washington hört, wird heute beinahe unweigerlich an *Donald Trump* denken, im Übrigen sind die Bilder etwa bei der Verwendung des Wortes „Brüssel" keineswegs einheitlich. Von einem positiv besetzten einigenden Friedenswerk bis hin zu einem spalterisch wirkenden Elitenprojekt wird man hier wohl alles finden können. Auch die Verknüpfung mit „Berlin" dürfte im Süden Europas vermutlich anders ausfallen als im Norden. Dabei zeigt sich zudem, dass solche Zuschreibungen auch die Zeit überdauern können, also noch fortbestehen, wenn der Ort schon lange kein wirklicher Ort der Macht mehr ist, sondern allein Kristallisationspunkt für bestimmte polit-historische Konstellationen. Allein dadurch lässt sich ein Satz wie „Bonn ist nicht Weimar" bzw. „Berlin ist nicht Bonn" sinnvoll erklären und verstehen.

Mit der Errichtung der Währungsunion und damit der EZB stellte sich für die politischen Entscheidungsträger daher von Anfang an die Frage nach dem Sitz dieser neuen Zentralbank. Auch wenn die Frage des institutionellen Sitzes generell nicht überbewertet werden sollte – am Ende kommt es dann doch maßgeblich auf die Leistungsfähigkeit der jeweiligen Institution an – kann man es gerade einer neuen Institution mit einer symbolisch verfehlten Sitzwahl schwerer machen, sich in der Öffentlichkeit zu behaupten. Das negative Image des gewählten Ortes muss in einem solchen Fall gewissermaßen erst überwunden werden, bevor sich der Ort wieder positiv besetzen lässt. Gerade bei der Bestimmung des Sitzes einer Zentralbank sollten diese Zusammenhänge beachtet werden, da diese von Anfang an in besonderer Weise darauf angewiesen ist, bei den Finanzmarktakteuren und auch bei der Bevölkerung die notwendige Glaubwürdigkeit im Hinblick auf die Verfolgung ihres geldpolitischen Mandats zu genießen. Bei der Errichtung der EZB hatte man daher in Bezug auf die Ortswahl eigentlich nur zwei Optionen: Entweder man versuchte einen neutralen Ort zu finden, der aus geldpolitischer Sicht im Bewusstsein der relevanten Akteure und der Bevölkerung nicht negativ behaftet ist. Oder man wählte einen Ort, der vor dem Hintergrund des konkreten geldpolitischen Mandats der EZB bereits positiv besetzt war. Dann, so die Überlegung, könnte die EZB ihre Tätigkeit gewissermaßen mit einem Ortsbonus beginnen. Als ein solcher Ort drängte sich angesichts des stabilitätsorientierten Mandats der EZB dabei vor allem einer auf: Der Sitz der Deutschen Bundesbank in Frankfurt am Main. Die Bundesbank hatte sich seit ihrer Errichtung im Jahr 1957 nicht nur in Deutschland, sondern auch in Europa und der Welt den Ruf als robuste Hüterin der nationalen Währung erarbeitet. Vor allem aber hatte sie in dieser Zeit ihre Unabhängigkeit und Unbeeinflussbarkeit von politischer Seite immer wieder unter Beweis gestellt. *Jacques Delors*, der damalige Kommissionspräsident, machte das im Jahr 1992 deutlich, als er festhielt, dass wohl nicht alle Deutschen an Gott, sehr wohl aber alle an die Bundesbank glauben würden. Ähnlich, und kaum weniger pathetisch, hielt *Herbert Giersch* unmittelbar vor Eintritt in die dritte Stufe der Währungsunion im Jahr 1998 fest: „[Die Deutsche Bundesbank] hat sich – allein durch Standhaftigkeit – eine Aura, sozusagen einen mythischen Status verschafft, der in Deutschland eine gesunde Stabilitätsstruktur erzeugt und bewahrt hat." Preisstabilität und Unabhängigkeit sollten auch für die EZB die zentralen Säulen bilden. Insofern war es zweifellos dieser „Mythos", an den mit der Entscheidung, Frankfurt am Main zum Sitz der EZB zu machen, angeknüpft werden sollte und der auch Frankreich schließlich dazu bewog, das eigene Interesse am Sitz der EZB fallen zu lassen.[46] Zugleich kam man mit dieser Ortswahl in der deutschen Öffentlichkeit vorherrschenden Bedenken entgegen. Die EZB, so die mit dem Ort Frankfurt verknüpfte Aussage, ist nichts anderes als eine europäische Bundesbank: „To soothe German fears that it would go too easy on inflation, it was based in Frankfurt and modelled on the Bundesbank".[47]

Der erste Sitz: Geldpolitik zur Miete

Da ein eigenes Bürogebäude nicht vorhanden war, mietete sich die EZB nach ihrer Gründung im Jahr 1998 zunächst in ein 148 Meter hohes Hochhaus in der Frankfurter Innenstadt ein, in dem zuvor bereits das Europäische Währungsinstitut (EWI) – der Vorgänger der EZB in der ersten und zweiten Stufe der Währungsunion – untergekommen war. Das 1977 erstmals von der Bank für Gemeinwirtschaft genutzte Gebäude wird seitdem als Eurotower bezeichnet. Es hat insgesamt 40 Stockwerke und ist vor allem für das auf dem Vorplatz befindliche blaue Eurozeichen bekannt, das von insgesamt 12 gelben Sternen umspielt wird und damit

[46] Vgl. *N. Irwin*, Die Alchemisten, S. 120.
[47] The Economist, April 13th-19th 2019, S. 61.

Der Eurotower in Frankfurt am Main war der erste Sitz der EZB

an die Flagge der EU erinnert. Auch weil der Europäische Rechnungshof bereits frühzeitig die europäischen Institutionen angemahnt hatte, dass die Nutzung eigener Gebäude langfristig rentabler sei als deren Anmietung, machte sich die EZB schon im Jahr ihrer Gründung auf die Suche nach einem geeigneten Grundstück für die Errichtung eines eigenen Gebäudes. Hinzu kam der Umstand, dass angesichts geplanter Erweiterungen der Eurozone bereits absehbar war, dass der Eurotower mittelfristig mit seinen knapp 47.000 Quadratmeter Nutzfläche nicht ausreichend Platz für alle Mitarbeiterinnen und Mitarbeiter bieten würde. Im Jahr 2001 wurde man im Frankfurter Ostend mit dem Gelände der ehemaligen Großmarkthalle fündig. Nach einem aufwendigen Grundstückserwerbs-, Ausschreibungs- und anschließenden Genehmigungsverfahren wurden die Bauarbeiten im Frühjahr 2010 begonnen und bereits im Jahr 2014 abgeschlossen. Vollständig konnte sich die EZB vom Eurotower jedoch bis heute nicht trennen, was allerdings keinem Planungsfehler, sondern Umständen geschuldet war, die bei der Gestaltung des neuen Sitzes schwer vorhersehbar waren: Als Reaktion auf die Eurokrise wurde der EZB im Rahmen des „Single Supervisory Mechanism“ (SSM) die Bankenaufsicht für die Eurozone übertragen. Nach einer Renovierung wird der Eurotower seit 2015 daher von der Europäischen Bankenaufsicht genutzt, womit zugleich die Trennung dieser neuen Aufgabe von der Geldpolitik auch räumlich symbolisiert wird. Das eigentliche Ziel des Neubaus, zukünftig mietfrei tätig sein zu können, wurde dadurch allerdings verfehlt.

Der neue Sitz im Frankfurter Ostend

Der neue Sitz im Frankfurter Ostend besteht aus insgesamt drei miteinander verzahnten Gebäudeelementen:

- der ehemaligen Großmarkthalle;
- dem Büroturm, bestehend aus einem Süd- und einem Nordturm;
- dem Eingangsbauwerk.

Den einzelnen Elementen kommen jeweils unterschiedliche Funktionen zu (siehe sogleich). Sie bieten insgesamt 2900 Arbeitsplätze für die Mitarbeiterinnen und Mitarbeiter und eine Bruttogeschossfläche von 185.000 Quadratmetern. Hinzu kommen 630 Mitarbeiterparkplätze in einer Tiefga-

Das neue Hauptgebäude der EZB mit den drei Elementen

rage, rund 400 Stellplätze für Fahrräder sowie ein Besucherparkplatz. Eingerahmt werden die Elemente durch eine komplexe Landschaftsgestaltung – allein für den Park wurden mehr als 700 Bäume bestehend aus 25 verschiedenen Baumarten gepflanzt. Hinzu tritt eine Stätte zur Erinnerung an die Deportation jüdischer Bürgerinnen und Bürger von der Großmarkthalle.

In der ehemaligen Großmarkthalle, im Jahr 1928 errichtet, wurde noch bis Mitte 2004 Obst und Gemüse an Großabnehmer verkauft. Seit 1972 unter Denkmalschutz stehend wurde sie unter Wahrung ihres äußeren Erscheinungsbilds umfassend saniert und instandgesetzt und in dieser Form in das Neubaukonzept der EZB integriert. Im östlichen Teil der ehemaligen Halle befindet sich der öffentliche Eingang

Der Konferenzbereich
© European Union 2018 – European Central Bank

zur Erinnerungsstätte, über eine Rampe aus Beton ist der Kellerzugang sichtbar. Der Keller ist als authentischer Ort – hier wurden die Menschen vor ihrer Deportation festgehalten – im Ursprungszustand belassen worden. Die Größe der Großmarkthalle ist beachtlich: Sie ist 220 Meter lang, 50 Meter breit und bis zu 23,5 Meter hoch. Heute wird sie daher vor allem für die „halböffentlichen" Funktionen der EZB genutzt. Im Hallenraum befinden sich dementsprechend eine Lobby, das Besucherzentrum, zehn Konferenzräume auf zwei Etagen, Ausstellungsflächen, eine Cafeteria sowie das Mitarbeiterrestaurant für bis zu 500 Personen. Das Restaurant und die Konferenzräume wurden als „Haus-im-Haus" in Form eigenständiger Stahl-Glas-Baukörper in die Halle eingestellt.

Der Büroturm als dem zweiten Element besteht eigentlich aus zwei Türmen: Dem Südturm mit einer Höhe von 185 Metern (45 Stockwerke) und dem Nordturm mit einer Höhe von 165 Metern (43 Stockwerke), die durch ein verglastes Atrium miteinander verbunden sind. Die Verbindungsebenen befinden sich auf den Stockwerken 3, 15, 27 und 38 und sind durch Fahrstühle erreichbar. Die höchste Büroebene bildet der 41. Stock, darüber finden sich Technikgeschosse. Untergebracht ist in den beiden Türmen der Großteil der insgesamt 2900 Arbeitsplätze, zudem finden sich interne Besprechungsräume. Die Büros haben unterschiedliche Größen (Einzelbüro bis hin zu Einheiten mit Arbeitsplätzen für 10–12 Mitarbeiter/innen), liegen allesamt entlang der Außenfassaden und sind zu den Fluren hin verglast. Der Teppich der Büroräume ist grau, die auf jedem Stockwerk befindlichen und in unterschiedlichen Farben gestalteten Teeküchen sind mit gedämpftem Robinienparkett ausgelegt. Auf der höchsten Büroebene (also dem 41. Stock) befindet sich auch der Sitzungssaal des EZB-Rates, mit einem großen runden Tisch in der Mitte. Die Stühle sind mit beigem Leder bezogen, von wo

Der Büroturm
© European Union 2018 – European Central Bank

Das Eingangsbauwerk

aus die Ratsmitglieder bei den Sitzungen aus einem der drei Fensterfronten auf den Main, den Süden, den Norden oder das Stadtzentrum Frankfurts blicken können. Die Decke zeigt eine stilisierte Eurokarte, der Boden ist mit dunklem Teppich ausgelegt, der Lobbybereich vor dem Saal wiederum mit gedämpftem Robinienparkett. Auf den oberen Etagen finden sich schließlich auch die Büros der Direktoriums- und Ratsmitglieder.

Das Eingangsbauwerk bildet den Haupteingang der EZB und verbindet die Bürotürme mit der Großmarkthalle. Hier ist vor allem das Pressezentrum der EZB untergebracht, wobei der Saal für die Pressekonferenzen über ein großes zweifach gebogenes Panoramafenster verfügt. Der Boden ist wiederum mit gedämpftem Robinienparkett ausgelegt, die Stühle des Auditoriums sind dunkelblau bezogen, die Stühle des Podiums mit grauem Leder. Der Weg zum Pressesaal führt über eine Lobby, über der temporäre Arbeitsplätze für Journalisten eingerichtet sind. Daneben findet sich noch ein zweiter Vortragssaal.

III. Aufgaben, Instrumente und geldpolitische Strategie

„Being ignorant of the methods and purpose of central banks is a forgivable sin; even the central bankers themselves disagree on what they are trying to achieve and how they should go about it.“

George Cooper[1]

1. Die Aufgaben der EZB

Beschäftigt man sich eingehender mit der Frage, was genau Aufgabe einer Zentralbank ist, stellt man erstaunlicherweise fest, welche Uneinigkeit hier in der Ökonomie bis heute vorherrscht. Immerhin wird man sagen können, dass seit den 90er Jahren des letzten Jahrhunderts bei praktisch allen bedeutenden Zentralbanken der Welt eine Aufgabe im Zentrum ihrer Tätigkeit steht: Die Gewährleistung der Preisstabilität. Umstritten ist insofern vor allem, inwieweit eine Zentralbank daneben noch weitere Ziele verfolgen sollte, welche das sein und in welchem Verhältnis sie zueinander stehen sollten. Diese Frage wird seit der Finanz- und Eurokrise auch in der Wirtschaftswissenschaft wieder sehr viel kontroverser dis-

---

[1] *G. Cooper*, The Origin of Financial Crises, 2008, S. 22.

kutiert.[2] Die konkret zugewiesenen „geldpolitischen" Mandate der einzelnen Zentralbanken unterscheiden sich daher deutlich voneinander: Zentralbank ist nicht gleich Zentralbank. Auch für die EZB war die genaue Ausgestaltung ihres Mandats angesichts unterschiedlicher geldpolitischer Philosophien in den einzelnen Mitgliedstaaten zwangsläufig umstritten. *Harold James*[3] hat diesen komplexen politischen Mandatsfindungsprozess, auf den an dieser Stelle nicht näher eingegangen werden soll, im Einzelnen nachgezeichnet. Für diese Einführung muss es genügen, das letztliche Ergebnis darzustellen, wie es sich seit dem Vertrag von Maastricht (1993) in den europäischen Verträgen niedergeschlagen hat. Dem geldpolitischen Zeitgeist der 90er Jahre entsprechend bildet danach auch für die EZB die Gewährleistung der Preisstabilität die zentrale Aufgabe. Hinzu kommt die Unterstützung der Wirtschaftspolitik in der Union, die aber nur erfolgen darf, solange und soweit dadurch das primäre Ziel der Gewährleistung von Preisstabilität nicht beeinträchtigt wird. Diese zweite Aufgabe ist der primären also ausdrücklich untergeordnet. Im Zusammenhang mit der Finanz- und Eurokrise ist der EZB schließlich noch eine dritte Aufgabe zugewachsen, nämlich die Finanzaufsicht über die Kreditinstitute innerhalb der Eurozone. Zuvor waren hier die nationalen Aufsichtsbehörden zuständig, wobei die nationalen Zentralbanken in der Regel zumindest als Informationslieferant involviert waren. Diese drei zentralen Aufgaben der EZB sollen im Folgenden näher beleuchtet werden.

---

[2] Auf diese neue Diskussion kann an dieser Stelle nicht näher eingegangen werden.

[3] *H. James*, Making The European Monetary Union, 2012, S. 265 ff.

Gewährleistung der Preisstabilität

Die Gewährleistung stabiler Preise wird zu Recht als wesentliche Funktionsbedingung einer marktwirtschaftlich organisierten Volkswirtschaft angesehen. Eine effiziente Verteilung von Ressourcen lässt sich nur verwirklichen, soweit die Preise allein relative Güterknappheiten zum Ausdruck bringen und nicht durch marktexterne Faktoren beeinflusst werden. Bei Inflationsraten von 1000 % und mehr ist ein sinnvoller marktwirtschaftlicher Austausch angesichts des stetigen Wertverlusts des Geldes schlicht nicht mehr möglich. Was das bedeuten kann, ist in den Zeiten der Hyperinflation nach dem Ersten Weltkrieg deutlich geworden[4] – eine Erfahrung, die sich angeblich bis heute in einer besonderen Ausprägung der „German Angst" wiederspiegelt: Der Inflationsangst. Nicht selten wird in einem solchen Umfeld dann auf andere knappe Gegenstände zurückgegriffen (etwa Zigaretten), die an die Stelle des Geldes treten und dessen Funktionen übernehmen (sogenannter Geldersatz).[5] Gerade durch die Erfahrungen der Finanz-, Euro- und der folgenden Staatsschuldenkrise ist zudem deutlich geworden, dass darüber hinaus auch ein enger Zusammenhang zwischen der Preisstabilität und der Stabilität der Finanzmärkte insgesamt besteht.

---

[4] Dazu nur *F. Taylor*, Der Untergang des Geldes in der Weimarer Republik und die Geburt eines deutschen Traumas, 2013.

[5] Zu den Geldfunktionen nur *C. Herrmann/A. Thiele*, Internationales und Europäisches Finanz- und Währungsrecht, i.E. Zu darüber weit hinausgehenden unsichtbaren Funktionen und gesellschaftlichen Tiefendimensionen des Geldes *H. Epstein*, Bewußtseins- und Organisationsentwicklung, 2008, S. 87 ff. Zur historischen Entwicklung des Geldes *C. Herrmann*, Währungshoheit, Währungsverfassung und subjektive Rechte, 2010, S. 7 ff.

Mit der Zuweisung der Aufgabe der Gewährleistung der Preisstabilität in Art. 127 AEUV ist allerdings noch nicht geklärt, was darunter im Einzelnen zu verstehen ist. Was also bedeutet „Preisstabilität"? Und wann ist diese „gewährleistet"? Diese Frage muss zwangsläufig nicht nur die EZB selbst, sondern auch derjenige beantworten, der die Tätigkeit der EZB kritisch würdigen will. Die Beantwortung fällt weniger leicht, als man vermuten würde. Aus rechtlicher Perspektive handelt es sich beim Begriff „Preisstabilität" zunächst um einen sogenannten unbestimmten Rechtsbegriff, der dadurch gekennzeichnet ist, dass sein Inhalt nicht von vornherein und für jedermann eindeutig feststeht. Um sinnvoll anwendbar zu sein, bedürfen unbestimmte Rechtsbegriffe einer näheren inhaltlichen Konkretisierung. Die Verwendung solcher Begriffe in rechtlichen Texten ist keineswegs eine Besonderheit – sie finden sich in praktisch allen Gesetzen und daher auch in den Unionsverträgen. Die Aufgabe der Konkretisierung kann der jeweilige Normgeber bisweilen selbst übernehmen, etwa in konkretisierenden Verordnungen oder sonstigen rechtsverbindlichen Rechtsakten. Im Hinblick auf den Begriff der Preisstabilität sucht man eine solche Konkretisierung in den europäischen Verträgen allerdings vergeblich. Damit obliegt die erste Konkretisierung hier dem Anwender und folglich der EZB selbst, die dabei einer prinzipiellen Kontrolle durch die Rechtsprechung – also den Europäischen Gerichtshof – unterliegt. Angesichts der Komplexität der Materie, der Expertise der EZB und des Umstands, dass der Begriff auch ökonomisch nicht eindeutig bestimmt ist, kommt der EZB allerdings ein relativ weiter Beurteilungsspielraum zu. Eine normativ unzulässige Inhaltsbestimmung läge erst dann vor, sofern diese als offenkundig fehlerhaft und vor dem Hintergrund des Wortlauts und der ökonomischen Ratio der Regelung nicht mehr als vertretbar angesehen werden könnte.

Unter Berücksichtigung dieser ökonomischen Ratio ergibt sich zunächst, dass es bei der Gewährleistung der Preisstabilität nicht darum gehen kann, sämtliche Preise auf dem bestehenden Niveau einzufrieren. Veränderungen der Einzelpreise sind einer Marktwirtschaft immanent und zur Angabe relativer Knappheiten auch gewollt: Wenn das Brot knapp wird, muss es auch teurer werden können. Solche „natürlichen" Preisbewegungen mit der Geldpolitik verhindern zu wollen, ergäbe insofern wenig Sinn. Es ist daher praktisch unumstritten, dass der Begriff der Preisstabilität richtigerweise im Sinne von Preis*niveau*stabilität zu verstehen sein muss. Es geht also darum, die Stabilität des Niveaus der Binnenpreise (und nicht des Außenwerts der Währung)[6] in einer Volkswirtschaft sicherzustellen. Zur Ermittlung dieses zu wahrenden Preisniveaus greift die EZB auf einen repräsentativen Korb von Gütern und Dienstleistungen zurück. Dessen Zusammenstellung ist allerdings erneut nicht explizit vorgegeben; darüber kann und muss die EZB selbst entscheiden.

Eine solche Preisniveaustabilität ist gewährleistet, so könnte man schlussfolgern, soweit die Teuerungsrate dieses von der EZB zusammengestellten repräsentativen Korbes über einen bestimmten Zeitraum bei 0 % liegt, die Preise sich also weder erhöhen noch verringern. Eine solche Definition befände sich auch zweifellos innerhalb des Beurteilungsspielraums der EZB. Zu beachten ist aber, dass insgesamt drei (ökonomische) Gründe dafür sprechen, Preisniveaustabilität in diesem Sinne nicht mit einer 0 % Inflation gleichzusetzen – und das gilt gerade in einem wirtschaftlich vergleichsweise inhomogenen Währungsraum wie der Eurozone.

---

[6] *C. Herrmann*, Währungshoheit, Währungsverfassung und subjektive Rechte, 2010, S. 227.

Zunächst und *erstens* bestehen erhebliche Unsicherheiten bei der Messung der aktuellen Inflationsrate. Das hängt damit zusammen, dass schon die Zusammenstellung des repräsentativen Güter- und Dienstleistungskorbes gewisse Vereinfachungen bedingt, zudem sind etwa im Falle von Qualitätssteigerungen komplexe Wertungen erforderlich, die zu Verzerrungen und Ungenauigkeiten führen können: Wie etwa berücksichtigt man eine mit Qualitätssteigerungen verbundene Preiserhöhung? Ist das neue iPhone nur teurer oder ist es auch besser, so dass effektiv keine Preissteigerung vorliegt? Nicht zuletzt der von der EZB herangezogene harmonisierte Verbraucherpreisindex überzeichnet nach einigen Studien die tatsächliche Inflationsrate. Das heißt aber zugleich: Eine ermittelte Inflationsrate von 0% könnte real bereits ein sinkendes Preisniveau und damit ein deflationäres Umfeld bedeuten. *Zweitens* sind regionale Inflationsdifferenzen bei der Bestimmung des angestrebten Preisniveaus zu berücksichtigen. Die EZB ermittelt das Preisniveau prinzipiell für die gesamte Eurozone. Angesichts der auch in der Eurokrise sichtbar gewordenen wirtschaftlichen Inhomogenität der einzelnen Mitgliedstaaten kann eine durchschnittliche Inflationsrate von 0% in der gesamten Eurozone dadurch aber mit erheblichen Inflationsunterschieden und damit nicht zuletzt regionalen Deflationszonen einhergehen – die tatsächliche Inflationsrate in Deutschland muss nicht immer exakt derjenigen in Griechenland oder Zypern entsprechen (wird es sogar nur selten tun). Da die Risiken eines leicht deflationären Umfelds aber meist als sehr viel bedrohlicher eingestuft werden als diejenigen eines leicht inflationären, spricht auch diese Überlegung dafür, kein 0%-, sondern stattdessen ein leicht positives Inflationsziel anzustreben. Wenn die Inflationsrate in einigen Regionen dann etwas geringer als im Durchschnitt ausfällt, ist sie zumindest noch immer positiv. Schließlich und *drittens* vermindert ein Inflationsziel von 0 % meist die Reaktionsmöglichkeiten einer Zentralbank im Falle sogenannter adverser Schocks. Das gilt vor allem dann, wenn die Leitzinsen bereits bei 0 % liegen. Eine Ankurbelung der Wirtschaft durch weitere Zinssenkungen ist dann ausgeschlossen. Das zeigte sich im Übrigen auch im Jahr 2019: Da die Zentralbank die Zinsen bereits seit einiger Zeit auf 0 % gesenkt hatte, war sie zur Stimulierung der Wirtschaft auf andere, sehr viel umstrittenere Instrumente, wie etwa den Anleiheerwerb angewiesen. Diskutiert wurde und wird – allerdings noch wenig konkret – auch eine

Zur Vertiefung: Adverse Schocks

Unter einem adversen Schock versteht man ein plötzlich auftretendes Ereignis, das sich makroökonomisch negativ entweder auf die aggregierte Nachfrage oder auf das aggregierte Angebot auswirkt. Gerade in einem wirtschaftlich inhomogenen Währungsgebiet wie der Eurozone wird es sich zudem meist um asymmetrische Schocks handeln, die sich also auch noch regional unterschiedlich auswirken und damit für die EZB eine besondere Herausforderung darstellen.

Art Besteuerung von Bargeld, um auf diese Weise ein negatives Zinsniveau zu ermöglichen.[7] Insofern kann das geschilderte Problem zwar auch bei einem leicht positiven Inflationsziel auftreten, da auch dort die Zinsen konjunkturabhängig bei 0 % liegen können (so wie in der Eurozone im Jahr 2019). Die Wahrscheinlichkeit eines solchen Szenarios ist jedoch bei einem Inflationsziel von 0 % um einiges höher.

Wie praktisch alle anderen bedeutenden Zentralbanken der Welt verfolgt auch die EZB bereits seit ihrer Gründung daher ein leicht positives Inflationsziel und definiert Preisstabilität als „Anstieg des harmonisierten Verbraucherpreis-

---

[7] Siehe dazu *K. Assenmacher/S. Krogstrup*, Monetary Policy with Negative Interest Rates: Decoupling Cash from Electronic Money, IMF Working Paper 18/191.

index für das Euro-Währungsgebiet von unter 2 % gegenüber dem Vorjahr." Im Jahr 2003 wurde diese Definition durch den EZB-Rat leicht modifiziert. Angestrebt wird seitdem eine Teuerungsrate von „unter, aber nahe 2 %", um auf diese Weise möglichen (regionalen) Deflationsgefahren zu entgehen und zu begründen, warum auch bei einer durchschnittlichen Inflationsrate von 1 % geldpolitische Maßnahmen ergriffen werden können. Mit diesem Inflationsziel befindet sich die EZB übrigens in guter Gesellschaft – auch die Bank of England, die japanische Zentralbank sowie die amerikanische Federal Reserve streben eine solche Teuerungsrate an, wenngleich sich hier im Detail – etwa im Hinblick auf gewisse Zielkorridore – kleinere Unterschiede zeigen. Den normativen Beurteilungsspielraum hat die EZB mit dieser Definition mithin nicht überschritten, was mittlerweile auch das Bundesverfassungsgericht in seiner zweiten Vorlage an den EuGH ausdrücklich festgestellt hat.[8] Innerhalb der EZB wird aktuell allerdings angesichts der Erfahrungen der letzten Jahre über eine Herabsenkung des Inflationsziels auf 1 % nachgedacht. Wenn nicht zuletzt in der deutschen Öffentlichkeit immer wieder angemahnt worden ist, dass Preisstabilität nur 0 % Inflation bedeuten könne, erweist sich das aber jedenfalls als rechtlich verfehlt. Aus normativer Sicht ist an der aktuellen Definition nichts zu kritisieren[9] – ökonomisch mag man darüber streiten.

---

[8] BVerfGE 146, 216, Rn. 117: „Das Ziel des PSPP, die Inflationsrate auf knapp 2 % steigern zu wollen, stellt nach Auffassung des Senats eine grundsätzlich zulässige Konkretisierung der Aufgabe dar, die Preisstabilität zu sichern."

[9] *C. Herrmann*, Währungshoheit, Währungsverfassung und subjektive Rechte, 2010, S. 228.

Unterstützung der Wirtschaftspolitik

Immer wieder liest man in deutschen Medien, dass Wirtschaftspolitik keine Aufgabe einer Zentralbank sei. In dieser Pauschalität ist diese Aussage freilich nicht haltbar. Wie erwähnt besteht in der Ökonomie keine Einigkeit darüber, welche Aufgaben eine Zentralbank neben der Gewährleistung der Preisstabilität wahrnehmen soll (oder muss). Entscheidend ist nicht zuletzt aus rechtlicher Perspektive daher immer und allein das konkret zugewiesene Mandat, aus dem sich das jeweilige Aufgabenspektrum abschließend ergibt. Und gerade für die EZB zeigt sich, dass Wirtschaftspolitik hier durchaus eine Rolle spielt. So heißt es in Art. 127 AEUV ausdrücklich, dass das ESZB (mit der EZB an der Spitze) auch die Aufgabe hat, die Wirtschaftspolitik in der Union zu unterstützen. Das ist für sich genommen keine Besonderheit. Anderen Zentralbanken sind teilweise sehr viel weiter gehende Zuständigkeiten im Bereich der Wirtschaftspolitik zugewiesen – nicht zuletzt die amerikanische Fed soll unter anderem auf einen hohen Beschäftigungsstand und wirtschaftliches Wachstum hinwirken. Allerdings, und insofern ist eine gewisse öffentliche Skepsis folglich durchaus angebracht, darf die EZB zur Verwirklichung ihres wirt-

Zur Vertiefung: Störungen des geldpolitischen Transmissionsmechanismus

Im Rahmen der Eurokrise kam die Frage auf, ob auch die Wiederherstellung eines gestörten geldpolitischen Transmissionsmechanismus von der Aufgabe zur Gewährleistung der Preisstabilität umfasst ist. Der geldpolitische Transmissionsmechanismus beschreibt den Weg, auf dem geldpolitische Impulse ihre Wirkung in der Realwirtschaft entfalten. Hier kam es ab dem Jahr 2010 zu Störungen. So wirkten sich etwa die Zinsentscheidungen der EZB nicht mehr einheitlich im gesamten Währungsgebiet aus. Diese Fragmentierung entlang nationaler Grenzen beeinträchtigte die Geldpolitik der EZB, da diese ihre Zinsen nur einheitlich für alle Mitgliedstaaten verändern kann. Aufgrund der unterschiedlichen Auswirkungen aber waren diese Entscheidungen für manche Staaten zu expansiv und für andere zu restriktiv. Mit den ersten umstrittenen Programmen zum Ankauf bestimmter Staatsanleihen zielte die EZB daher darauf ab, die einheitlichen Auswirkungen ihrer Geldpolitik wiederherzustellen. Umstritten war, ob ein solches Vorgehen noch von ihrem rein geldpolitischen Mandat umfasst war. Das Bundesverfassungsgericht hatte erhebliche Zweifel, die aber vom EuGH zu Recht zurückgewiesen wurden. Zwar ist es richtig, dass die Zuweisung einer bestimmten Zuständigkeit (hier Geldpolitik) an eine Behörde nicht automatisch die Befugnis umfasst, auch für deren Funktionsbedingungen Sorge zu tragen. In der Regel werden hier andere Behörden zuständig sein, in deren Kompetenzbereich nicht eingegriffen werden darf. Für die Aufrechterhaltung des geldpolitischen Transmissionsmechanismus fehlt jedoch eine solche anderweitige Zuweisung. Im Hinblick auf die unabhängige Stellung der EZB wäre es auch sehr fraglich, ob eine solche überhaupt zulässig wäre. Dadurch könnte nämlich gerade in Krisenzeiten eine erhebliche Abhängigkeit der EZB von anderen Institutionen begründet werden. Der Umstand, dass die Transmissionswege für eine Zentralbank von so erheblicher Bedeutung sind, spricht daher dafür, die Sicherstellung einer ordnungsgemäßen Transmission als vom geldpolitischen Mandat der EZB in Form einer Annexkompetenz umfasst anzusehen. Die EZB kann damit zwar Beeinträchtigungen der geldpolitischen Transmissionswege durch Dritte nicht verhindern, ist aber in der Lage, mit eigenen Maßnahmen für eine Stabilisierung derselben zu sorgen. Auch bei den selektiven Anleiheankaufprogrammen handelte es sich daher richtigerweise um eine geldpolitische Maßnahme im weiteren Sinne, die vom Mandat der EZB umfasst war.

schaftspolitischen Ziels nur beitragen, soweit dies ohne Beeinträchtigung des vorrangigen Ziels der Gewährleistung der Preisstabilität möglich ist. Zwischen den beiden Zielen besteht damit ein eindeutiges normatives Stufenverhältnis.[10] Dabei gilt es zu beachten, dass die Beurteilung, ob und in-

---

[10] *H. Tappe/R. Wernsmann*, Öffentliches Finanzrecht, 2. Auflage 2019, Rn. 846.

wieweit das vorrangige Ziel durch eine wirtschaftspolitische Maßnahme möglicherweise beeinträchtigt ist, zunächst einmal wiederum der EZB selbst obliegt. Auch in dieser Hinsicht handelt es sich um einen unbestimmten Rechtsbegriff, der einer weiteren Konkretisierung bedarf. Aus rechtlicher Perspektive wird man daher nur verlangen können, dass die EZB in nachvollziehbarer Form darlegt, dass und warum sie davon ausgeht, dass eine solche Beeinträchtigung der Preisstabilität in der konkreten Situation durch die angestrebte Maßnahme nicht droht. Vor diesem normativen Hintergrund hätte die EZB auch im Rahmen der Eurokrise einige der von ihr ergriffenen Maßnahmen wirtschaftspolitisch und nicht geldpolitisch begründen können. Eine ernsthafte Inflationsgefahr bestand gerade zu Beginn der Eurokrise nicht. Dass die EZB nicht so verfuhr, hatte insoweit wohl weniger rechtliche als vielmehr „politische" Gründe: Die EZB war sich bewusst, dass wirtschafts*politische* Maßnahmen insbesondere in Deutschland sehr kritisch gesehen worden wären. Solche Maßnahmen wären vermutlich unabhängig von ihrer rechtlichen Zulässigkeit in großen Teilen der Eurozone auf politischen Widerstand gestoßen, wodurch die Glaubwürdigkeit der EZB erheblich hätte leiden können. Auch bei den umstrittenen Anleiheankäufen betonte die EZB daher zu jedem Zeitpunkt ausdrücklich, dass es sich ihrer Ansicht nach um geld- und nicht um wirtschaftspolitische Maßnahmen handelte – eine Einschätzung, die der Europäische Gerichtshof mittlerweile bestätigt hat.

Ob und in welcher Form die EZB die Wirtschaftspolitik in der Union unterstützt, obliegt letztlich wiederum ihrer eigenen Beurteilung. Sie kann und muss dazu auch eigene wirtschaftspolitische Erwägungen anstellen und ist nicht verpflichtet, die entsprechenden Analysen anderer politischer Institutionen zu übernehmen oder gar auf bestimmte Handlungsempfehlungen zu reagieren – ihre unabhängige

Stellung betrifft auch diesen Teil ihres Mandats. Angesichts der politischen Reformblockade im Hinblick auf die Neugestaltung der Währungsunion[11] und weiterhin relativ niedriger Inflationsraten könnte dieser Teil des EZB-Mandats in Zukunft auch eine größere Bedeutung gewinnen. Es wäre normativ zumindest nicht zu beanstanden, sollte die EZB mit entsprechenden wirtschaftspolitischen Maßnahmen (etwa Anleiheankäufen) auf eine Erweiterung des finanziellen Spielraums der Mitgliedstaaten der Eurozone abzielen. Ob es dazu kommt hängt freilich auch von der geldpolitischen Philosophie ihres neuen Präsidenten ab.

Finanzaufsicht im Rahmen des SSM und des ESFS

Seit Anfang November 2014 bildet die EZB nun auch das Herzstück des in Reaktion auf die Finanzkrise errichteten „Single Supervisory Mechanism" (SSM), der für die Aufsicht über die Kredit- und Finanzinstitute der Eurozone verantwortlich zeichnet.[12] Die Aufgabe der Finanzaufsicht lag zuvor wesentlich bei den einzelnen Mitgliedstaaten. Die Finanzkrise machte jedoch erhebliche Defizite in diesem Bereich sichtbar, die sich vor allem aus der besonderen transnationalen Vernetzung der einzelnen Finanzinstitute und der Komplexität internationaler Finanzmärkte ergaben. Eine rein nationale Aufsicht, so die Überlegung, würde die notwendige

[11] Dazu *D. Seikel/A. Truger*, Die blockierte Vollendung der Europäischen Währungsunion: Plädoyer für eine pragmatische Nutzung von fiskalischen Handlungsspielräumen, Wirtschaft und Gesellschaft 2019, S. 43 ff.

[12] Zu Begriff, Konzept und Zielen der Finanzaufsicht siehe *A. Thiele*, Finanzaufsicht, 2014, S. 63 ff. Speziell zum SSM im Überblick aaO, S. 519 ff. sowie ausführlich *T. Grabowski*, Die EZB als Aufsichtsbehörde, 2016.

Sicherung der Funktionsfähigkeit der europäischen Finanzmärkte (als das zentrale Ziel jeder Finanzaufsicht) vor diesem Hintergrund schon deshalb nicht gewährleisten können, weil sie zu einer angemessenen Risikobewertung der einzelnen Bankgeschäfte nicht in der Lage ist. Zudem könnte sie dazu neigen, nationale Risiken im Interesse der nationalen Bankenlandschaft zu unkritisch zu bewerten. Schon zum 1.1.2011 wurde daher zur Unterstützung der nationalen Aufsichtsbehörden das Europäische Finanzaufsichtssystem gegründet (ESFS). Es besteht aus insgesamt drei europäischen Behörden, die jeweils für einzelne Bereiche der Finanzmärkte (Banken, Börsen, Versicherungen) in der gesamten EU (also nicht nur der Eurozone)[13] verantwortlich zeichnen, dabei aber vornehmlich Koordinierungsaufgaben übernehmen.[14] Formal verbleiben die Zuständigkeiten bei den Mitgliedstaaten. Hinzu kommt das bei der EZB angesiedelte European Systemic Risk Board (ESRB), dem vor allem die Aufgabe zukommt, die Finanzmärkte aus einer Makroperspektive zu analysieren und gegebenenfalls auf Fehlentwicklungen hinzuweisen sowie Handlungsempfehlungen auszusprechen. Es ist damit bereits Ausdruck der in der Finanzkrise gewonnenen Erkenntnis, dass sich eine effektive Finanzaufsicht nicht nur auf das einzelne Institut, sondern zugleich in besonderer Weise auf die Entwicklungen und Verflechtungen des gesamten Finanzsystems ausrichten muss. Andernfalls, so hatte sich nicht zuletzt in der amerikanischen Subprime-Krise gezeigt, bleiben sogenannte systemische Risiken, die gerade aus

---

[13] Das zeigte sich auch am Sitz dieser Behörden. So wurde die Europäische Bankenaufsicht etwa zunächst in London errichtet – dem zentralen Bankenplatz innerhalb der EU aber außerhalb der Eurozone. Im Zusammenhang mit dem Brexit ist diese Behörde mittlerweile aber nach Paris umgezogen.

[14] Überblick zu diesem System bei *A. Thiele*, Finanzaufsicht, 2014, S. 494 ff.

der Vernetzung der einzelnen Institute miteinander resultieren, unter Umständen unentdeckt.[15] Die Annahme eines Junktims zwischen (finanzieller) Gesundheit des einzelnen Instituts und (finanzieller) Gesundheit des gesamten Finanzsystems, hatte sich als unzutreffend erwiesen. Der 2014 errichtete SSM ließ das ESFS zwar unangetastet, ging nun aber für die Eurozone noch einen Schritt weiter und übertrug der EZB auch formal die Zuständigkeit für den Bereich der Bankenaufsicht. Sie wird seitdem also nicht nur unterstützend tätig, sondern ist in diesem Bereich an die Stelle der bisher zuständigen nationalen Aufsichtsbehörden getreten. Rechtlich besteht der SSM aus einem komplexen Verwaltungsverbund, in dem sich die Aufsichtszuständigkeit der EZB im Wesentlichen (und etwas vereinfacht) auf die sogenannten systemrelevanten Institute beschränkt, während die kleineren Institute weiterhin von den nationalen Aufsichtsbehörden beaufsichtigt werden.[16] Ohnehin kooperiert die EZB auch in ihrem Zuständigkeitsbereich eng mit den nationalen Aufsehern, die nicht zuletzt die Besonderheiten des nationalen Standorts besser beurteilen können. Dazu bestehen „gemischte Aufsichtsteams", die sich aus europäischen und nationalen Aufsehern zusammensetzen.

Mit der Aufgabe der Bankenaufsicht hat die EZB eine Zuständigkeit übernommen, in die auch die meisten nationalen Zentralbanken in der einen oder anderen Form involviert

---

[15] Generell zu systemischen Risiken siehe *C. Ohler*, Schutz vor systemischen Risiken, in: G. Kirchhof/S. Korte/S. Magen, Öffentliches Wettbewerbsrecht, 2014, § 7.

[16] In Deutschland unterfallen als bedeutende Institute u.a. die Deutsche Bank, die Commerzbank, zahlreiche Landesbanken, die Volkswagen Bank und die Münchner Hypothekenbank der europäischen Aufsicht. Auch über die Zulässigkeit einer angedachten, im April 2019 jedoch endgültig gescheiterten Fusion der Deutschen Bank und der Commerzbank hätte damit die EZB entscheiden müssen.

Vorsitzende des Aufsichtsgremiums

Die erste Vorsitzende des bei der EZB angesiedelten Aufsichtsgremiums wurde im Jahr 2014 die Französin *Danièle Nouy*. Sie wurde Anfang 2019 von dem Italiener *Andrea Enria* abgelöst. Die Amtszeit beträgt fünf Jahre, eine Wiederernennung ist zur Sicherung der Unabhängigkeit nicht zulässig.

sind beziehungsweise waren. In Deutschland ist die Bundesbank neben der BaFin auch heute noch zentraler Bestandteil des nationalen Aufsichtssystems. Das erscheint auch berechtigt: Die Zentralbank ist ständig auf den Finanzmärkten tätig und steht in regem Austausch mit praktisch allen relevanten Finanzmarktakteuren. Ihre Expertise im Hinblick auf Entwicklungen auf den Finanzmärkten und mögliche Risiken zu nutzen und sich als Aufsichtsbehörde mit dieser auszutauschen, erweist sich insoweit beinahe als zwingend. Es stellt sich allerdings die Frage, ob beziehungsweise inwieweit es sich darüber hinaus angesichts potenzieller Interessenkonflikte als ratsam erweist, der Zentralbank – hier mithin der EZB – auch die Letztverantwortung für die Finanzaufsicht zuzuweisen, sie also nicht nur zur Informationsgewinnung und Beratung heranzuziehen. So sind realistische Szenarien denkbar, in denen etwa das geldpolitische Inflationsziel für eine Begrenzung der Kreditvergabe spricht, während aus aufsichtlicher Sicht das Gegenteil der Fall ist. Wie soll sich eine Zentralbank dann verhalten? Es droht die Gefahr, dass am Ende beide Ziele lediglich halbherzig verfolgt und damit mittelfristig verfehlt werden. Bei der Errichtung des SSM waren diese Schwierigkeiten durchaus bekannt. Angesichts des vermeintlichen Zeitdrucks sah man jedoch allein die EZB als kompetent an, diese Aufgabe vergleichsweise kurzfristig zu übernehmen. Dem Interessenkonflikt versuchte man durch Errichtung eines besonderen Aufsichtsgremiums innerhalb der EZB zu begegnen. Damit sollte eine funktionelle Trennung der beiden Aufgaben erzielt werden, die durch die fortbestehende Nutzung des Eurotowers für den SSM auch räumlich vollzogen wurde.[17] Problematisch bleiben dennoch zwei Dinge: Personelle Überschneidungen mit dem EZB-Rat sowie aus rechtlicher Perspektive die alleinige formale Befugnis des EZB-Rats, bindende Beschlüsse für die EZB im Außenverhältnis zu treffen. Die Beschlüsse des Aufsichtsgremiums können insofern immer nur vorbereitender Natur sein und müssen anschließend vom EZB-Rat bestätigt werden, der aber auch die geldpolitischen Entscheidungen trifft. Auch wenn geldpolitische und aufsichtliche Beschlüsse stets auf getrennten EZB-Ratssitzungen getroffen werden, kann von einer wirklichen sachlich-personellen Trennung der beiden Aufgaben insofern keine Rede sein. Mittelfristig sollte die Bankenaufsicht in der Eurozone aus diesen Gründen auf eine eigenständige Einrichtung übertragen werden. Politisch scheint der Wille dazu gegenwärtig allerdings nicht vorhanden zu sein.

2. Die geldpolitischen Instrumente

Zur allgemeinen Funktionsweise von Zentralbanken

Die geldpolitischen Instrumente von Zentralbanken sind in ihren Details sehr komplex und in der Ökonomie wird sowohl über deren Ausgestaltung als auch den richtigen Zeitpunkt ihres Einsatzes zum Teil sehr emotional gestritten. Darum kann und soll es im Folgenden daher nicht gehen. Ziel ist es vielmehr, die grundlegende Funktionsweise einer

---

[17] Im EZB-Verhaltenskodex werden die Mitglieder der Entscheidungsgremien zudem in Artikel 5 ausdrücklich dazu angehalten, die Trennung dieser beiden Aufgaben zu respektieren.

Zentralbank und insbesondere diejenige der EZB zu erläutern, da in der Öffentlichkeit diesbezüglich immer wieder erhebliche Unsicherheiten und Fehlvorstellungen erkennbar werden. Was also heißt es, wenn die EZB „die Druckerpresse" anwirft? Kann sie die Preissteigerungen dadurch direkt beeinflussen? Hat die EZB überhaupt Einfluss auf die Geldmenge? Und was ist mit „Geldmenge" gemeint? Angesichts dieser Unklarheiten umhüllt Zentralbanken bisweilen ein nachgerade mystischer Nebel, der an die Aura der mittelalterlichen Alchemisten erinnert: Immerhin schafft sie doch ständig Geld aus dem Nichts – oder etwa nicht?

Solche Missverständnisse und Halbwahrheiten dürften auch damit zusammenhängen, dass sich die Funktionsweise einer Zentralbank von anderen staatlichen Behörden – auch die Zentralbank ist eine staatliche beziehungsweise hoheitliche Behörde – signifikant unterscheidet. Trotz aller Besonderheiten handelt es sich nämlich bei einer Zentralbank schon aus historischen Gründen tatsächlich um eine Institution, die im Kern Bankgeschäfte betreibt.[18] Anders als die Bau- oder Ordnungsbehörde tritt sie den unmittelbaren Adressaten ihrer Maßnahmen (im Wesentlichen den Geschäftsbanken) daher nicht oder nur sehr selten in einem Über-/Unterordnungsverhältnis entgegen. Stattdessen versucht sie ihre Ziele – vor allem die Beeinflussung der Teuerungsrate – durch marktkonforme Instrumente zu erreichen, begegnet den Geschäftsbanken und anderen Finanzmarktakteuren mithin auf der Ebene der Gleichordnung. Sie schreibt die Inflationsrate nicht hoheitlich vor – wie sollte das in einer (sozialen) Marktwirtschaft auch gehen? –, sondern tritt in geschäftliche Kontakte mit den Marktteilnehmern. Ledig-

---

[18] Siehe zuletzt *M. Hellwig*, Target-Falle oder Empörungsfalle?, Discussion Papers of the Max Planck Institute for Research on Collective Goods, 2019/5, S. 4.

lich bei der sogenannten Mindestreserveverpflichtung (siehe sogleich) handelt es sich um eine hoheitliche Maßnahme, die aber, wie gleich zu zeigen ist, als geldpolitisches Instrument gegenwärtig keine besondere Rolle spielt. Wie also muss man sich die theoretische Funktionsweise einer modernen Zentralbank im Einzelnen vorstellen?

Den Ausgangspunkt bildet das den Zentralbanken und auch der EZB zugewiesene Zentralbankgeldmonopol. Die EZB ist die einzige Institution, die das gesetzliche (und nicht mehr durch Gold gedeckte)[19] Zahlungsmittel „Euro" in Umlauf bringen darf. Das geschieht allerdings nur sehr begrenzt durch haptisches Bargeld. Der Großteil des Zentralbankgeldes wird von der EZB vielmehr digital (und praktisch ohne Kosten) bereitgestellt; die Geschäftsbanken haben dazu eigene Einlagekonten bei der EZB, die dem privaten Girokonto vergleichbar sind. Es wird insoweit also weniger eine Druckerpresse angeworfen als ein Knopf auf einer Tatstatur gedrückt. Hier wird deutlich, warum Zentralbanken auch als „Bank der Banken" bezeichnet werden. Durch dieses Zentralbankgeldmonopol wird nämlich auf Seiten der Geschäftsbanken eine Nachfrage nach eben diesem Zentralbankgeld begründet, die die Zentralbank nutzen kann, um auf die Menge an verfügbarem Zentralbankgeld Einfluss zu nehmen. In der gängigen Praxis macht sie dies vor allem durch eine Steuerung des sogenannten Tagesgeldsatzes, also desjenigen Zinssatzes, den die Geschäftsbanken zahlen müssen, wenn sie sich bei der Zentralbank solches Zentralbankgeld für einen bestimmten Zeitraum leihen. Wird der Zinssatz gesenkt, so die Überlegung,

---

[19] *M. Hellwig*, Target-Falle oder Empörungsfalle?, Discussion Papers of the Max Planck Institute for Research on Collective Goods, 2019/5, S. 6. Banknoten sind aus der Perspektive der EZB daher auch keine wirklichen Schuldtitel, weshalb die EZB in ihrer eigenen Währung nicht zahlungsunfähig werden kann – sie kann den benötigten Zentralbankgeldbedarf jederzeit selbst schaffen.

wird das Zentralbankgeld günstiger, wodurch die Nachfrage prinzipiell steigen sollte. Es wird dann mehr Zentralbankgeld an die Geschäftsbanken verliehen, da diese das günstig erworbene Geld zu einem etwas höheren Zinssatz an die realwirtschaftlichen Unternehmen weiterreichen können, die angesichts des gleichwohl geringen Zinssatzes eine entsprechende Kreditnachfrage entwickeln werden. Es ist dann also mehr Geld im Umlauf, wodurch mittelfristig dessen Wert sinkt und die Preise steigen. Steigt hingegen der von der EZB verlangte Zins, müssen auch die Geschäftsbanken einen höheren Zinssatz bei der Kreditvergabe verlangen. Dadurch werden weniger realwirtschaftliche Unternehmen entsprechende Kredite nachfragen, weshalb die Geschäftsbanken weniger Zentralbankgeld erwerben. Die Menge an Geld sinkt, womit mittelfristig dessen Wert steigt und die Preise sinken. Über diese Steuerung der Menge an Zentralbankgeld kann die EZB folglich – so die Idee – mittelbar auf die eigentlich interessanten Variablen wie Produktion und Preise Einfluss nehmen, also auf die Teuerungsrate einwirken. Dieses, wie wir gleich sehen werden, noch unzulässig vereinfachte Modell macht bereits eines deutlich: Der Einfluss einer Zentralbank auf die Teuerungsrate ist immer nur ein mittelbarer. Auch bei sehr günstigen Zinssätzen ist es keineswegs zwingend, dass dieses Geld von den Geschäftsbanken nachgefragt und an die Unternehmen für die passenden Kredite weitergereicht wird. Eine Verpflichtung zur Kreditvergabe besteht in einer Marktwirtschaft grundsätzlich nicht. Die Wirkung geldpolitischer Entscheidungen hängt in besonderer Weise vom Verhalten individueller Marktteilnehmer ab, das sich aus der Perspektive der Zentralbank nur bedingt (wenn überhaupt) vorhersagen lässt.

In der Realität ist der Einfluss der Zentralbank auf die Teuerungsrate allerdings noch sehr viel geringer. Das hängt damit zusammen, dass die Vergabe von Krediten an die Realwirtschaft durch die Geschäftsbanken nicht in Form

Zur Vertiefung: Der Bankrun

Der Großteil der Einlagen bei einer Geschäftsbank ist nicht durch reales Zentralbankgeld in Form von Bargeld gedeckt. Auch eine finanziell gesunde Bank ist daher nicht in der Lage, sämtliche Einlagen gleichzeitig in Form von Bargeld auszuzahlen, obwohl formal jeder Einlagenkunde einen solchen Anspruch auf jederzeitige Auszahlung hat. Die Bank „überlebt" finanziell also nur deshalb, weil die meisten Einlagenkunden eine solche Umwandlung real nie, jedenfalls nicht gleichzeitig verlangen werden – sie sind vielmehr damit zufrieden, wenn das Geld auf dem Einlagenkonto liegt, da sie der Solvabilität der Bank vertrauen und sich insoweit keine „Geldsorgen" machen. Sollte es aber doch einmal von Seiten der Kunden zu einem plötzlichen und umfassenden Vertrauensverlust in die Solvabilität der Bank kommen – wobei es letztlich keine Rolle spielt, ob dieser Vertrauensverlust rational begründet ist – wird das in wenigen Tagen zur Zahlungsunfähigkeit der Bank führen, sofern zahlreiche Kunden gleichzeitig die Auszahlung ihrer Einlagen in „sicheres" Bargeld verlangen. Um solche Vertrauensverluste zu verhindern sind die Einlagen bei einer Geschäftsbank bis zu einem Betrag von 100.000 Euro versichert. Bis zu dieser Höhe muss mithin unter keinen Umständen ein Verlust befürchtet werden.

von Zentralbank-, sondern in Form von Buchgeld erfolgt. Will eine Geschäftsbank einen Kredit an ein Unternehmen vergeben, benötigt sie also streng genommen keinerlei Zentralbankgeld. Die Kreditvergabe erfolgt schlicht durch Gutschreibung des jeweiligen Betrags auf dem Konto des betreffenden Unternehmens, das dann umgehend über diesen Betrag für realwirtschaftliche Geschäfte verfügen kann. Die Geschäftsbank schafft dieses Buchgeld in Form von Sichteinlagen mithin „aus dem Nichts" per einfachem Tastendruck. Diese Geldschöpfung der Geschäftsbanken[20] ist auch nicht davon abhängig, dass die Geschäftsbanken auf entspre-

[20] Siehe dazu zuletzt *A. Sahr*, Ungleichheit auf Knopfdruck, 2018, S. 73 ff.

Zur Vertiefung: Das Vollgeldsystem

Das Geldschöpfungsprivileg der Banken wird teilweise stark kritisiert: es ermöglicht eine nahezu unbegrenzte Verschuldung, begünstigt dadurch Instabilität und erhöht die Ungleichheit, indem es Vermögende begünstigt. Einige Ökonomen schlagen daher den Wechsel zu einem Vollgeldsystem vor, in dem Banken als reine Intermediäre tätig wären und nur vorhandenes Kapital in Form von Darlehen vergeben können. Eine solche „Ökonomisierung" der Banken würde allerdings Kapitaleigner bevorzugen und könnte zudem die wirtschaftliche Dynamik beeinträchtigen. Ein Gegenentwurf sieht eine Demokratisierung der Geldschöpfung vor, will diese also beim Staat monopolisieren, auch wenn dadurch Missbrauchsmöglichkeiten und Inflationsrisiken begründet werden. Gegenwärtig scheint keiner der Vorschläge mehrheitsfähig; eine Vollgeldinitiative scheiterte in der Schweiz im Juni 2018. Siehe dazu *Thomas Mayer/Roman Huber*, Vollgeld. Das Geldsystem der Zukunft, 2014 sowie *Aaron Sahr*, Ungleichheit auf Knopfdruck, 2018.

chende Spareinlagen anderer Sparer zurückgreifen können. Es ist also nicht so, dass das Gesparte des Einen die Kredite des Anderen sind, wie vielfach angenommen: „Das ‚Können' der Banken, das heißt, ihr Vermögen, Investitionsentscheidungen zu treffen, hängt nicht von einem Haben ab."[21] Aus rechtlicher Sicht hat das Unternehmen mit dem Kredit auch kein Zentralbankgeld, sondern lediglich den Anspruch gegen die kreditgebende Bank auf jederzeitige Auszahlung eines entsprechenden Betrages in Zentralbankgeld („Bargeld") erworben. Wenn jemand also Geld aus dem Nichts schafft, dann sind das im gegenwärtigen Geldsystem vor allem die Geschäftsbanken: „Die Zentralbanken sind in Bezug auf die Geldschöpfung reaktive Akteure. Es ist nicht der Tastendruck der Zentralbank, der den Takt vorgibt, sondern

[21] *A. Sahr*, Ungleichheit auf Knopfdruck, 2018, S. 91.

der Tastendruck privater Banken."[22] Zentralbankgeld liefern muss die Geschäftsbank letztlich nur, wenn das Buchgeld in Form von Bargeld vom Einlagenkonto abgehoben wird oder wenn Teilbeträge an Kontoinhaber anderer Banken überwiesen werden – hier verlangt die andere Bank für die Gutschreibung des Betrags auf dem Konto ihres Kunden gewissermaßen die Deckung durch „echtes" Zentralbankgeld. Eine solche Abhebung aber wird sehr selten in voller Höhe erfolgen – das meiste Buchgeld liegt ungenutzt auf den Konten und wird nur zu einem geringen Prozentsatz tatsächlich in Zentralbankgeld umgewandelt. Hinzu kommt der Umstand, dass Überweisungen im Laufe eines Tages meist dazu führen, dass der Saldo des letztlich zur Verfügung zu stellenden Zentralbankgeldes gerade zwischen größeren Banken gering sein wird: Die Gesamtsumme des Buchgeldes bleibt nahezu identisch, allein die Höhe der Gutschreibungen auf Einlagenkonten verändert sich. Erfolgen keine Abhebungen von Bargeld, kann eine Bank dann theoretisch sogar gänzlich ohne weiteres Zentralbankgeld auskommen.

Damit stellt sich die Frage, wie sichergestellt werden kann, dass auf Seiten der Geschäftsbanken ein regelmäßiger Zentralbankgeldbedarf besteht, ohne den jedwede Steuerung der Teuerungsrate durch die Zentralbank von vornherein ausgeschlossen ist. Dies geschieht durch das einzige hoheitliche Mittel der EZB, die sogenannte Mindestreserveverpflichtung. Danach sind alle Geschäftsbanken verpflichtet, einen geringen Prozentsatz (aktuell 1 %) ihrer gewährten Buchgeldeinlagen in Form von Zentralbankgeld bei der EZB zu halten. Mit dieser Vorgabe wird nicht nur die Geldschöpfungsoption der Geschäftsbanken begrenzt: Da die Zentralbank das Zentralbankgeld im Regelfall nur für einen sehr kurzen Zeitraum verleiht (regelmäßig eine Woche), müssen

[22] *A. Sahr*, Ungleichheit auf Knopfdruck, 2018, S. 92.

sich die Geschäftsbanken vielmehr immer wieder an die Zentralbank wenden, um ihre Mindestreserveverpflichtung erfüllen zu können. Die Zentralbank stellt das benötigte Zentralbankgeld dann erneut zu aktuellen Konditionen bereit (also gegebenenfalls zu veränderten Zinsbedingungen) und das Spiel beginnt von vorn. Damit zeigt sich: Die Zentralbank beeinflusst mit dieser klassischen Geldpolitik nicht die gesamte im Umlauf befindliche Geldmenge, sondern allein die Geldbasis, also die Menge des Bargeldes sowie die von den Geschäftsbanken bei ihr gehaltenen Einlagen. Insgesamt erweist sich dieser Einfluss als überraschend gering, zumal in der Praxis bestehende Zentralbankgeldwünsche der Geschäftsbanken stets erfüllt werden. Für die Geschäftsbank ist daher die Frage, ob ausreichend Zentralbankgeld zur Verfügung steht, bei der Vergabe von Krediten nachrangig. Kredite werden vielmehr dann vergeben, wenn die Bank den Schuldner als solvent einstuft.[23] Unabhängig von der besonderen Situation in der Finanz- und Eurokrise wird die EZB dabei zunehmend auch „Opfer“ einer seit den 90er Jahren generell veränderten Kreditvergabepraxis der Geschäftsbanken, die ihren Einfluss noch einmal verringert: Die Geschäftsbanken nutzen ihr Geldschöpfungsprivileg größtenteils nicht mehr für die Vergabe von Konsum- oder Investitionskrediten an die Realwirtschaft, sondern gewähren Kredite vornehmlich für den Kauf oder die Verbriefung bereits existierender Vermögenswerte. Schätzungen zufolge fließen mittlerweile rund drei Viertel der weltweit vergebenen Kredite in entspre-

---

[23] Siehe auch *J. Huber*, Monetäre Modernisierung, in: K. Kraemer/S. Nessel, Geld und Krise, 2015, S. 291 (295): „Die Wirklichkeit sieht so aus, dass die Banken […] so viel oder so wenig Giralgeld erzeugen, wie ihnen günstig scheint. […] Durch ihre proaktive […] Geldschöpfung schaffen die Banken Fakten, welche die Zentralbank im Nachhinein fraktional re-finanzieren muss.“

chende Geschäfte.[24] Das hat in den letzten Jahren zu einem beachtlichen Anstieg der Vermögenspreise geführt, insbesondere der Grundstücks- und Aktienpreise, erkennbar vor allem bei den stetig steigenden Mietpreisen in Ballungsgebieten. Diese Vermögenspreise spielen bei der Berechnung der Inflationsrate durch die EZB bisher aber nur eine untergeordnete Rolle. Maßgeblich sind hier vielmehr, wie gleich zu zeigen ist, die Verbraucherpreise. Der Versuch der EZB, im Rahmen der Eurokrise dieser Entwicklung durch den direkten Ankauf privater Anleihen entgegenzutreten, konnte letztlich nur bedingt erfolgreich sein. Denn erneut nutzten die Unternehmen die finanziellen Mittel meist für Investitionen in (bestehende) Finanzprodukte, teilweise wurden schlicht Aktien des eigenen Unternehmens zurückgekauft (mit dem Effekt, dass dessen Aktienkurs anstieg). Der Apple-Konzern bildete hier den wohl prominentesten Fall; er erwarb mit einem Kredit in Höhe von 17 Milliarden Euro eigene Aktien. Realwirtschaftliche Investitionen, die einen Einfluss auf die Verbraucherpreise haben könnten und die die EZB anregen wollte, blieben angesichts der geringeren Renditeerwartungen hingegen weitestgehend aus. Stattdessen stiegen also erneut vor allem die Vermögenspreise.[25] Ökonomisch war das ein durchaus nachvollziehbares Verhalten der Unternehmen, die in ihrer Struktur mittlerweile ohnehin oftmals eher Finanzmarktakteuren mit angeschlossener realwirtschaftlicher Abteilung ähneln: Nach *Aaron Sahr* gingen im Jahr 2004 rund 66 % der Gewinne des Automobilherstellers General Motors auf die hauseigene Bank und nur 34 % auf den Verkauf von Kraftfahrzeugen zurück.[26] Ähnliche Entwick-

---

[24] Vgl. *A. Sahr*, Ungleichheit auf Knopfdruck, 2018, S. 106 mwN.

[25] Das hat auch die EZB erkannt, vgl. EZB, Jahresbericht 2016, S. 53: „Relativ betrachtet profitierten die vermögenderen Haushalte von dieser Entwicklung stärker als die ärmeren Haushalte.“

[26] *A. Sahr*, Ungleichheit auf Knopfdruck, 2018, S. 26.

lungen zeigen sich auch beim Sportartikelhersteller Nike oder dem Elektronikunternehmen General Electric, dessen Finanzholdinggesellschaft aktuell die siebtgrößte Bank der USA ist. Unabhängig davon, wie man diese Entwicklung bewerten will, bedeutet sie für die EZB einen erheblich reduzierten Einfluss auf die Entwicklung der Verbraucherpreise. Drastisch ausgedrückt: Die Banken sind angesichts dieses gewandelten Geschäftsmodells mittlerweile die falschen Adressaten für die geldpolitischen Maßnahmen der EZB. Obwohl die Kreditmenge im Verhältnis zur realwirtschaftlichen Produktivität seit der Euro- und Finanzkrise stetig steigt, ist in fast allen westlichen Ökonomien eine gefährliche Inflation der Verbraucherpreise ausgeblieben. Das ist zwar prinzipiell eine gute Nachricht für die EZB, die damit ihr zentrales Ziel auch in der Krise erreicht hat. Die Kehrseite ist allerdings eine konstant ansteigende Vermögensungleichheit, die mittelfristig sogar für die Legitimität einer demokratischen Ordnung zu einem Problem werden könnte.[27] Die Ausgestaltung der heutigen Geldordnung sollte auch deshalb in weit größerem Ausmaß einer öffentlichen Debatte zugeführt werden, um insbesondere die Rechtfertigung und den Umfang des Geldschöpfungsprivilegs der Geschäftsbanken zu überdenken und das Mandat der Zentralbanken entsprechend anzupassen.

---

[27] Vgl. etwa *A. Thiele*, Der gefräßige Leviathan, 2019, S. 313 ff. Siehe auch *D. Jörke*, Die Größe der Demokratie, S. 38 f. Umfassend nun auch *A. Thiele* (Hrsg.), Legitimität in unsicheren Zeiten, Der demokratische Verfassungsstaat in der Krise?, 2019.

Offenmarktgeschäfte, ständige Fazilitäten, Mindestreserve und ELA

Schaut man etwas genauer auf die konkreten geldpolitischen Instrumente der EZB, lassen sich klassischerweise die folgenden drei unterscheiden: Offenmarktgeschäfte, ständige Fazilitäten und die Mindestreserve. Hinzu kommt die sogenannte Emergency Liquidity Assistance, die allerdings kein geldpolitisches Instrument im engeren Sinne darstellt, angesichts des engen Zusammenhangs mit diesen aber ebenfalls erläutert werden soll.

Den Offenmarkt- und Kreditgeschäften kommt im Rahmen der geldpolitischen Tätigkeit der EZB die größte Bedeutung zu. Hierzu tritt die EZB selbst an die Marktteilnehmer heran und bietet ihnen die Durchführung entsprechender Geschäfte zu den von ihr bestimmten Bedingungen an. Sie kann etwa eine unbestimmte Menge an Zentralbankgeld zu einem bestimmten Zinssatz für eine bestimmte Dauer – Zinstender – oder eine bestimmte Menge Zentralbankgeld zu einem unbestimmten Zinssatz – Mengentender – anbieten. Mittlerweile greift die EZB allerdings fast ausschließlich auf den Zinstender zurück – der Menge nach werden die Wünsche der Geschäftsbanken nach Zentralbankgeld damit also stets erfüllt. Ebenfalls zu den Offenmarktgeschäften zählen die vor allem im Zusammenhang mit der Eurokrise erfolgten Anleiheankäufe von Staaten oder privaten Unternehmen. Prinzipiell steht es der EZB innerhalb des sogleich zu besprechenden Rahmens frei, die genaue Ausgestaltung dieser Geschäfte vorzugeben. Im klassischen Tenderverfahren wird das Zentralbankgeld etwa für die Dauer von einer Woche zur Verfügung gestellt. Über die Veränderung der Konditionen, zu denen das Zentralbankgeld angeboten wird, kann sie dann auf die relevanten Zinssätze einwirken. Besondere Tenderverfahren können größere Mengen an Zentralbankgeld auch für einen längeren Zeitraum zur Verfügung stellen, dabei jedoch an weitere Bedingungen knüpfen – etwa eine Kreditvergabe an private Unternehmen in einem bestimmten Umfang innerhalb einer festgelegten Zeit. Ob die Geschäftsbanken darauf eingehen, steht auf einem anderen Blatt, verpflichtet sind sie dazu nicht. Im Zusammenhang mit der Eurokrise hat die EZB mehrere solcher längerfristigen Programme aufgelegt, deren Erfolg umstritten ist. Auch die Art und der Umfang der Anleiheankäufe, auf die die EZB seit der Eurokrise vermehrt zurückgreift, liegen prinzipiell im geldpolitischen Ermessen der EZB.

Ständige Fazilitäten gehören zwar ebenfalls zu den Offenmarkt- und Kreditgeschäften, unterscheiden sich jedoch von den soeben dargestellten darin, dass sie nicht auf Initiative der EZB, sondern auf Initiative der Geschäftsbanken erfolgen. Sie bieten den Geschäftsbanken dadurch die Möglichkeit, entweder überschüssiges Zentralbankgeld bei der EZB „zu parken" oder kurzfristig benötigtes Zentralbankgeld von der EZB zu erhalten. Zu unterscheiden sind dementsprechend die Spitzenrefinanzierungsfazilität und die Einlagefazilität. Da die Geschäftsbanken ohne diese Optionen auf den privaten Geldmarkt zurückgreifen müssten, um an benötigtes Zentralbankgeld zu kommen beziehungsweise überschüssiges Zentralbankgeld „loszuwerden", bestimmen die Konditionen, zu denen die EZB diese Fazilitäten anbietet, in der Regel zugleich die Obergrenze beziehungsweise die Untergrenze des aktuellen Tagesgeldzinssatzes im (privaten) Interbankenmarkt. Im Gegensatz zum Leitzins ist bei der Einlagefazilität allerdings auch eine negative Verzinsung denkbar. Tatsächlich ist der Einlagezins bei der EZB bereits seit Juni 2014 negativ, um die Geschäftsbanken dazu anzuregen, möglichst wenig Zentralbankgeld bei der EZB zu halten und dieses stattdessen am Interbankengeldmarkt Finanzmarktakteuren zur Verfügung zu stellen, die Kredite an die

Realwirtschaft vergeben wollen und können. Der Erfolg dieser Maßnahme ist bisher allerdings eher überschaubar.

Die Mindestreserveverpflichtung als einziges hoheitliches geldpolitisches Instrument der EZB dient – wie erwähnt – vor allem der notwendigen Anbindung der Geschäftsbanken an die EZB, indem sie eine dauerhafte Liquiditätsknappheit begründet und die Geschäftsbanken zwingt, sich ständig und vor allem in kurzen Abständen bei der EZB zu deren Konditionen zu refinanzieren, um das benötigte Zentralbankgeld zu erhalten. Die Geldschöpfung der Geschäftsbanken könnte andernfalls auch gänzlich ohne Zentralbankgeld ablaufen. Darüber hinaus spielt die Mindestreserve als geldpolitisches Instrument in der Praxis keine Rolle, auch wenn durch deren Veränderung theoretisch die Geldschöpfungsmöglichkeiten der Geschäftsbanken reguliert werden könnten.[28] Die Höhe der Mindestreserveverpflichtung wird dementsprechend nur sehr selten geändert. Sie lag bis zum 18.1.2012 bei 2 % und beträgt seitdem 1 %.

Die sogenannte Emergency Liquidity Assistance (ELA) hat ebenfalls im Zusammenhang mit der Eurokrise eine gewisse (mediale) Aufmerksamkeit erfahren, obwohl es sich dabei weder um ein geldpolitisches noch in formaler Sicht um ein Instrument der EZB handelt. Die ELA ist vielmehr Ausdruck einer weiteren Aufgabe von Zentralbanken, die diesen neben der Geldpolitik zumeist zugewiesen ist, nämlich die „Lender-of-Last-Resort-Funktion“. Dabei handelt es sich um eine besondere Form der Krisenintervention, bei der eine Zentralbank prinzipiell solventen, aber von kurzfristigen Liquiditätsengpässen betroffenen Kreditinstituten durch die Vergabe von Krediten unter die Arme greift. Ent-

---

[28] Die Mindestreserveverpflichtung könnte daher ein Weg sein, um die Geldschöpfungsmöglichkeiten der Geschäftsbanken einzuschränken. Bisher ist die EZB aber nicht bereit, entsprechend zu verfahren.

scheidend ist insbesondere das Erfordernis der prinzipiellen Solvenz. Das Ziel ist also nicht Insolvenzen von Geschäftsbanken generell auszuschließen oder durch die Zentralbank möglichst zu verhindern, sondern nur dort einzugreifen, wo die finanziellen Schwierigkeiten der Geschäftsbank durch externe und nicht vorhersehbare Ereignisse unverschuldet eingetreten sind und zudem lediglich temporären Charakter haben. Ob und wann das der Fall ist, ist allerdings nicht immer ganz leicht zu ermitteln und es leuchtet ein, dass die Vergabe solcher Kredite gerade an griechische Banken im Rahmen der Eurokrise umstritten war. Gleichwohl besteht weitgehend Einigkeit, dass es sich bei dieser Aufgabe nicht um eine solche der Geldpolitik handelt, die daher bei Errichtung der EZB auch nicht auf diese überging, vielmehr bei den nationalen Zentralbanken verblieb. Dennoch ist evident, dass eine solche (nationale) Kreditvergabe angesichts der Ausweitung der Menge an Zentralbankgeld die originäre Aufgabe der EZB – die Gewährleistung der Preisstabilität – erheblich beeinträchtigen kann. Die Satzung der EZB sieht daher vor, dass der EZB-Rat die Vergabe solcher Notkredite durch die nationalen Zentralbanken mit einer 2/3–Mehrheit jederzeit unterbinden oder an bestimmte Bedingungen knüpfen kann. In der Eurokrise hat er dies in regelmäßigen Abständen getan und insbesondere Höchstgrenzen für die Kreditvergabe durch die nationalen Zentralbanken festgelegt. Dadurch entstand bisweilen der (verfehlte) Eindruck, dass es sich bei der Vergabe der ELA-Kredite auch formal um eine Aufgabe der EZB handelt.

3. Die geldpolitische Strategie

Das allgemeine geldpolitische Ermessen der EZB

Mit den skizzierten Aufgaben und den zur Verfügung stehenden Instrumenten ist noch nichts darüber gesagt, unter welchen (ökonomischen) Rahmenbedingungen von welchem geldpolitischen Instrument in welcher Form Gebrauch gemacht werden sollte. Es ist dies die vielleicht umstrittenste Frage der Geldpolitik überhaupt. Kaum eine Maßnahme einer Zentralbank wird heute nicht von kritischen Stimmen begleitet und offen diskutiert. Es gibt keine geldpolitischen Automatismen, vielmehr hängt die Vorgehensweise nicht nur von den Besonderheiten des jeweiligen Währungsraumes, sondern auch und vor allem von der ökonomischen Philosophie der betreffenden Zentralbank ab – auch die Person des Präsidenten spielt hier, wie später noch zu zeigen ist, eine wichtige Rolle. Angesichts der Komplexität moderner Volkswirtschaften, des allein mittelbaren Einflusses der Zentralbank auf die Teuerungsrate und der Abhängigkeit der gewählten Instrumente vom Verhalten zahlreicher individueller Marktteilnehmer vermag dieser Befund letztlich kaum zu überraschen. Gerade die Eurozone weist aufgrund der erheblichen wirtschaftlichen Inhomogenität Besonderheiten auf, sodass sich auch die schlichte Übernahme anderer Zentralbankstrategien kaum als sinnvoll erweist. Der normative Rahmen macht hier nur wenige Vorgaben, auf die sogleich noch einzugehen ist. Die EZB war insoweit aufgerufen, im Rahmen ihres geldpolitischen Ermessens ihre eigene Strategie zu entwickeln, wie sie die ihr zugewiesenen Aufgaben mit den ihr zur Verfügung stehenden Instrumenten angehen will. Dass eine solche Strategie ökonomisch nicht unumstritten sein kann, versteht sich gewissermaßen von selbst.

Zur Vertiefung: Die Kerninflationsrate

Bei der Kerninflationsrate werden bestimmte temporäre, preistreibende Effekte (vor allem bei Preisen für Energie und Lebensmittel, die starken Schwankungen unterliegen) aus der allgemeinen Inflationsrate herausgerechnet. Aus der Perspektive einer Zentralbank kann das vor allem dann sinnvoll sein, wenn die aktuelle Inflationsrate aufgrund temporärer Schocks die angestrebte übersteigen sollte. Dadurch kann sie deutlich machen, dass sie für diesen Effekt nicht verantwortlich zeichnet und zudem begründen, warum sie möglicherweise nicht einschreitet.

Das geldpolitische Ermessen der EZB beginnt bereits bei der Frage nach der zutreffenden Methode zur Erfassung der aktuellen Inflationsrate. Auch insoweit gibt es keine völlig eindeutige beziehungsweise „natürliche" Vorgehensweise. Da es, wie dargelegt, nicht um die Stabilität der Einzelpreise, sondern um Preisniveaustabilität geht, ist es prinzipiell zwar unumstritten, dass die Teuerungsrate nur mit Hilfe eines bestimmten Waren- und Dienstleistungskorbes ermittelt werden kann. Was dieser Korb im Einzelnen umfasst, wie die verschiedenen Waren und Dienstleistungen gewichtet werden, ob er sich auf die Verbraucher- oder die Erzeugerpreise bezieht, ob beziehungsweise inwieweit auch Vermögenspreise berücksichtigt werden und wie mit Innovationen umgegangen wird, ist aber ökonomisch nicht zwingend vorgegeben und muss daher von der EZB selbst festgelegt werden. Zwangsläufig kann eine unterschiedliche Zusammensetzung dieses Korbes auch zu sehr unterschiedlichen Ergebnissen führen. Die EZB greift hier seit ihrer Gründung auf den Harmonisierten Verbraucherpreisindex (HVPI) zurück, der seit Januar 1995 monatlich vom europäischen Statistikamt Eurostat veröffentlicht wird; eine Kerninflationsrate wird von der EZB allerdings nicht angegeben. Kritisch wird immer wieder angemerkt, dass der HVPI die Entwicklung der Vermögenspreise – also z.B. die Grundstücks- und Wohnungspreise – prinzipiell nicht berücksichtigt. Auch die EZB sieht dieses Problem, will diesen Faktor stattdessen stärker im Rahmen ihres „Zwei-Säulen-Ansatz" berücksichtigen, mit dem sie versucht, mögliche Risiken für die Teuerungsrate der Verbraucherpreise zu ermitteln. Ob damit etwa die steigenden Mieten in Ballungsgebieten angemessen erfasst werden, erscheint fraglich und wird von Kritikern immer lauter bezweifelt. Aus rechtlicher Sicht ist gegen dieses Vorgehen gleichwohl nichts einzuwenden.

Der „Zwei-Säulen-Ansatz"

Der „Zwei-Säulen-Ansatz" der EZB dient der Ermittlung möglicher Risiken im Hinblick auf die Teuerungsrate in der Zukunft. Zwangsläufig kann es einer Zentralbank nicht genügen, wenn die aktuelle Inflationsrate das Inflationsziel erfüllt. Vielmehr muss es ihr auch darum gehen dies für die Zukunft in einem sich stetig wandelnden ökonomischen Umfeld sicherzustellen. Im Rahmen der ersten Säule nimmt die EZB dementsprechend eine umfassende wirtschaftliche Analyse vor, die sich im Kern auf die Beurteilung der bestehenden konjunkturellen und finanziellen Entwicklungen sowie der sich daraus ergebenden kurz- und mittelfristigen Risiken für die Preisstabilität konzentriert. Wie dargelegt, will die EZB in diesem Zusammenhang nunmehr auch einen stärkeren Fokus auf die Entwicklung der Vermögenspreise richten. Die zweite Säule ergänzt diese ökonomische durch eine monetäre Analyse, die sich an einem Referenzwert für das Wachstum der Geldmenge M3 orientiert, die die EZB zwar nicht direkt steuern kann, der aber für die Preisentwicklung eine besondere Rolle zukommt. Dahinter steht letztlich die Überlegung, dass ein zu schnelles Wachstum gerade dieser Geldmenge mittelfristig zu einem nicht erwünschten Anstieg der Teuerungsrate führen wird.[29] Das Wachstum der Geldmenge muss mithin an das Wachstum der Wirtschaft (mehr oder weniger) gekoppelt werden. Vor diesem Hintergrund strebt die EZB generell einen Wachstumsreferenzwert der Geldmenge M3 von 4,5 % an. Diesen Wert hält die EZB bei Zugrundelegung eines durchschnittlichen Wirtschaftswachstums der Eurozone von 2–2,5 %, dem eigenen Inflationsziel von rund 2 % und der Veränderung der Umlaufgeschwindigkeit des Geldes für prinzipiell inflationsneutral. Liegt das tatsächliche Wachstum über einen längeren Zeitraum über diesem Wert, besteht mithin die Gefahr inflationärer Tendenzen, die ein Einschreiten der EZB notwendig machen können.

Zur Vertiefung: Die unterschiedlichen Geldmengen

Wenn von Geld die Rede ist, denkt der Großteil der Bevölkerung an das Bargeld im Portemonnaie. In der Geldtheorie lassen sich unter Berücksichtigung der verschiedenen Geldfunktionen noch andere Geldformen unterscheiden, da sie – in unterschiedlichem Ausmaß – als „Bargeldersatz" als Zahlungsmittel fungieren und damit ebenso zur Inflation beitragen können. Es lassen sich nach ihrer Fähigkeit Zahlungsmittel zu sein, folgende Geldmengen unterscheiden:

- **M0 (auch Geldbasis)**: Hierzu zählen der gesamte Bargeldbestand sowie die Einlagen der Geschäftsbanken bei der EZB und damit das gesamte Zentralbankgeld. Es ist nur diese Geldbasis,

---

[29] Ob diese Einschätzung heute noch zutrifft, ist allerdings unklar, da es auch darauf ankommt, wofür diese Geldmenge eingesetzt wird. Da die Kreditvergabe der Banken mittlerweile vor allem für den Erwerb bestehender Vermögenswerte erfolgt, konnte die Geldmenge M3 und vor allem die Kreditmenge in den letzten Jahren erheblich steigen, ohne dass im Hinblick auf die Verbraucherpreise inflationäre Tendenzen zu erkennen waren. Für die Vermögenspreise gilt das allerdings nicht. Auch innerhalb der EZB wird daher darüber nachgedacht, wie diese Entwicklungen in ihre geldpolitische Strategie integriert werden können.

auf die die EZB mit ihrer Geldpolitik mehr oder weniger direkten Einfluss nehmen kann. Als Zahlungsmittel fungiert allerdings allein das Bargeld. M0 ist insofern eine besondere Geldmenge.

- **M1**: Hierzu zählen das gesamte Bargeld sowie die Sichteinlagen („Konten") privater Akteure bei den Geschäftsbanken. Zwischen Bargeld und Sichteinlagen besteht im Hinblick auf ihre Zahlungsfunktion – man denke an die EC-Karte – praktisch kein Unterschied mehr.
- **M2**: Hierzu zählen die Geldmenge M1 sowie die Einlagen mit einer vereinbarten Laufzeit von zwei Jahren sowie einer gesetzlichen Kündigungsfrist von bis zu drei Monaten. Teile dieser Geldmenge sind also weniger liquide als die Geldmenge M1 und eignen sich daher etwas weniger gut als Zahlungsmittel.
- **M3**: Hierzu zählen neben M1 und M2 auch Anteile an Geldmarktfonds, Repoverbindlichkeiten, Geldmarktpapiere und Bankschuldverschreibungen mit einer Laufzeit von bis zu zwei Jahren. Hier ist die Nutzung als Zahlungsmittel noch etwas schwieriger aber auch nicht völlig ausgeschlossen. Es ist diese Geldmenge, für die die EZB ein jährliches Wachstum von 4,5 % anstrebt. Beeinflussen kann sie dieses Wachstum aber erneut nur (sehr) mittelbar über die Steuerung der Geldbasis.

Nicht vorgegeben – weder normativ noch ökonomisch – ist zudem, welche konkreten geldpolitischen Schlüsse die EZB aus möglicherweise ermittelten Gefährdungslagen und Risiken zieht. Und in der Tat: Es wird auf die Art der Gefahr beziehungsweise des Risikos, die zu erwartenden wirtschaftlichen Umstände und gegebenenfalls weitere (externe) Faktoren ankommen. Eine allzu mechanische Herangehensweise wäre vor diesem Hintergrund auch kaum empfehlenswert. In der ökonomischen Literatur finden sich zwar immer wieder gewisse geldpolitische „Regeln", die in einer bestimmten Situation eine spezifische Reaktion vorgeben; am bekanntesten dürfte die Taylor-Regel sein, die – abhängig von bestimmten wirtschaftlichen Indikatoren – Zinsanpassungen empfiehlt.[30] Allerdings verstand auch *Taylor* selbst diese Vorgabe lediglich als allgemeinen Orientierungsmaßstab und gerade nicht als zwingende Handlungsanweisung. Auch sie ersetzt nicht die individuelle Analyse der Ursachen erkannter Gefahren und Risiken und die daraus folgende Ermittlung passgenauer geldpolitischer Maßnahmen. Insofern ist es keineswegs ausgeschlossen, dass einer konkreten Gefährdung möglicherweise überhaupt nicht begegnet werden muss, da sie sich als temporär darstellt und damit das mittelfristige Inflationsziel nicht beeinträchtigt. Interventionen der Zentralbank könnten das Problem dann sogar eher verschärfen. Insgesamt wird man festhalten können: Praktisch alle für die Tätigkeit der EZB relevanten Fragen – Besteht eine Gefahr? Ist sie lediglich temporärer Natur? Wie wären ihre Folgen? Wo liegen die Ursachen? Wie kann ihr am wirkungsvollsten begegnet werden? – dürften in der Ökonomie (und nicht selten auch in der Zentralbank selbst) umstritten sein. Welcher geldpolitische Schritt sich als „richtig" oder „falsch" darstellt, lässt sich vor dem Hintergrund dieser vielfältigen unsicheren Prognosen über die weitere wirtschaftliche Entwicklung – Extremfälle mögen ausgenommen sein – letztlich nicht bestimmen. Die Eurokrise hat dies bestätigt. Gerade deutsche Ökonomen kritisierten das Vorgehen der EZB zum Teil heftig, während die EZB in anderen Teilen Europas (keineswegs allein in Südeuropa) für ihre umsichtige Politik gelobt wurde. Das notwendig weite Ermessen der EZB bedeutet eben, dass diese oftmals unterschiedliche Optionen haben wird, auf eine wirtschaftliche Krise zu reagieren. Der Umstand, dass die ergriffenen Maßnahmen nicht immer den Präferenzen des externen Beobachters entsprechen, ist vor diesem Hintergrund ebenso erwartbar, wie aus rechtlicher

---

[30] Dazu knapp *H.-J. Jarchow*, Grundriss der Geldpolitik, 2010, S. 22 ff.

Perspektive unproblematisch: Nicht alles, was geldpolitisch nicht gefällt, ist auch gleich rechtlich unzulässig.

4. Rechtliche Begrenzungen und gerichtliche Kontrolle

Das Ermessen der EZB ist gleichwohl nicht unbegrenzt. Auch wenn der normative Rahmen wenige Vorgaben im Hinblick auf die „richtige" Reaktion der EZB auf bestimmte wirtschaftliche Situationen enthält, begrenzt er doch partiell den Einsatz und die Ausgestaltung der von ihr gewählten Instrumente. An dieser Stelle sollen nur die vielleicht bedeutendsten Begrenzungen aufgegriffen werden, die auch im Zusammenhang mit der Eurokrise teilweise prominent diskutiert wurden. Mit diesen rechtlichen Begrenzungen ist im Übrigen zugleich klar, dass das Handeln der EZB einer Kontrolle durch den EuGH unterliegt – der EuGH hat das in seinen beiden Entscheidungen zum Vorgehen der EZB in der Eurokrise richtigerweise ausdrücklich betont.

Art. 18 der Satzung der EZB

Zu erwähnen ist zunächst die Regelung des Art. 18 der Satzung, der für die Ausgestaltung der Offenmarkt- und Kreditgeschäfte explizite Vorgaben macht. Danach darf die EZB nur börsengängige Wertpapiere sowie Edelmetalle endgültig kaufen beziehungsweise verkaufen. Kreditgeschäfte – also insbesondere die Vergabe von Zentralbankgeldkrediten an die Geschäftsbanken – darf sie nur eingehen, soweit die kreditnehmenden Finanzinstitute ausreichend Sicherheiten stellen.

Ob ein endgültig zu erwerbendes Wertpapier börsengängig in diesem Sinne ist, richtet sich danach, inwieweit es an einem geregelten Markt („Börse") zum Handel zugelassen ist. Dabei kommt es nur auf die abstrakte Börsengängigkeit an. Entscheidend ist also nicht, ob die Wertpapiere tatsächlich gehandelt werden, sondern allein, ob sie aus rechtlicher Sicht gehandelt werden könnten. Der aktuelle Wert der Papiere spielt damit keine Rolle. Soweit es – wie bei den Kreditgeschäften – darum geht, ob bestimmte Papiere als „ausreichende Sicherheiten" angesehen werden können, kann dies dem Sinn dieses Erfordernisses entsprechend nur der Fall sein, sofern der aktuelle Wert des Papiers einen möglichen Ausfall des vergebenen Kredits prinzipiell auszugleichen vermag. Insofern kommt der EZB zwar ein gewisser Beurteilungsspielraum im Hinblick auf die Ausfallwahrscheinlichkeit des Wertpapiers zu. Erkennbar ausfallgefährdete Forderungen darf die EZB hier aber nicht als Sicherheit akzeptieren. Es spricht insofern einiges dafür, dass die EZB diese Voraussetzung nicht hinreichend beachtet hat, als sie auf dem Höhepunkt der Griechenlandkrise griechische Anleihen weiterhin als ausreichende Sicherheiten in diesem Sinne akzeptierte. Gerichtlich ist diese Frage aber nie geklärt worden.

Art. 123 AEUV: Das Verbot „monetärer Staatsfinanzierung"

Art. 123 AEUV untersagt der EZB den unmittelbaren Ankauf von Staatsanleihen. Auch medial wird diese Regelung immer wieder als „Verbot monetärer Staatsfinanzierung" bezeichnet, was indes zu weit geht und bisweilen erhebliche Missverständnisse hervorgerufen hat. Zur Sicherung der Unabhängigkeit der EZB und ihrer primären Aufgabe der Gewährleistung von Preisstabilität zielt die Regelung vielmehr nur darauf ab zu verhindern, dass sich die Mitgliedstaaten der Eurozone direkt bei der EZB refinanzieren, was zu ei-

Zur Vertiefung: Modern Monetary Theory (MMT)

Die MMT ist eine geldpolitische Strömung, die Ende des 20. Jahrhunderts entstanden ist. Zentral ist für diese gegen die Neoklassik gerichtete Theorie unter anderem die Annahme, dass der Staat als Monopolist über die eigene Währung nicht insolvent gehen kann, da er sich die notwendigen Finanzmittel stets über seine Zentralbank schaffen kann. Ihre Vertreter sprechen sich daher prinzipiell dafür aus, staatliche Defizite unmittelbar durch die Zentralbank zu finanzieren, wodurch auch Vollbeschäftigung erreicht werden könnte. Während andere Annahmen dieser Theorie in Bezug auf die Rolle der Geschäftsbanken und die allgemeine Funktionsweise der Zentralbanken weniger umstritten sind, stößt diese erste Annahme auf erhebliche Ablehnung und zwar durch unterschiedliche ökonomische Schulen (*Kenneth Rogoff, Larry Summers, Paul Krugman*). Sie sehen massive Inflationsrisiken. *Peter Bofinger* hingegen mahnt an, dass es insoweit auf die „Dosis" ankomme, sieht diesen Aspekt also differenzierter. Da den Mitgliedstaaten der Eurozone die Souveränität über ihre Währung fehlt – sie liegt ja bei der EZB – können die Annahmen der MMT nicht ohne weiteres auf die WWU übertragen werden. Die Vertreter der MMT sehen darin aber auch einen zentralen Konstruktionsfehler der Eurozone.

ner soliden Haushaltspolitik der Mitgliedstaaten beitragen soll.[31] Ohne diese Möglichkeit bleibt allein der Weg zu den privaten Finanzmärkten, die ihr Geld aber nur zur Verfügung stellen werden, wenn sie von der Solvenz des jeweiligen Mitgliedstaates ausgehen. Wo die Finanzmärkte Probleme sehen, werden sie entweder höhere Zinsen verlangen oder – wie im Falle Griechenlands im Jahr 2010 – eine Kreditvergabe vollständig verweigern. Die EZB, so sieht es die Regelung des Art. 123 AEUV vor, kann in einer solchen Situation dem betreffenden Mitgliedstaat finanziell nicht helfen und an die Stelle der privaten Finanzmarktakteure treten. Zwar

---

[31] *C. Herrmann*, Währungshoheit, Währungsverfassung und subjektive Rechte, 2010, S. 232.

sollte eine unabhängige und auf Preisstabilität verpflichtete Zentralbank von entsprechenden Maßnahmen ohnehin in der Regel absehen, sofern sie geldpolitisch nicht zwingend erforderlich sein sollten – immerhin wird dadurch die Zentralbankgeldmenge ausgeweitet, was zur Inflation beitragen kann. Um den zu erwartenden politischen Druck effektiv abwehren zu können, erweist es sich aber nach Ansicht vieler Befürworter einer unabhängigen Zentralbank als sinnvoll, ein entsprechendes generelles Verbot auch normativ in den Verträgen zu verankern.

Art. 123 AEUV untersagt allerdings nur den unmittelbaren Ankauf von Staatsanleihen und damit den Ankauf derselben am sogenannten Primärmarkt. Ankäufe von Staatsanleihen auf dem Sekundärmarkt – und allein solche hat die EZB im Rahmen der Eurokrise getätigt – werden von dem Verbot nicht erfasst. Angesichts des soeben geschilderten Normzwecks erscheint das auch folgerichtig, da eine problematische Umgehung der privaten Marktkräfte, vor der Art. 123 AEUV bewahren will, nur beim Ankauf auf dem Primärmarkt vorliegt. Anleihen, die bereits auf dem Sekundärmarkt gehandelt werden, musste der jeweilige Mitgliedstaat vielmehr zuvor auf dem Primärmarkt unter realen Marktbedingungen platzieren; er war damit den gewöhnlichen Marktkräften bereits ausgesetzt. Der Ankauf dieser Staatsanleihen auf dem Sekundärmarkt durch die EZB führt dem jeweiligen Mitgliedstaat unmittelbar auch keine weiteren finanziellen Mittel zu – der Sekundärmarkt ist ein Markt von Investoren. Der Mitgliedstaat profitiert allein mittelbar, wenn etwa durch den Ankauf durch die EZB die Zinsen für die Ausgabe neuer Anleihen am Primärmarkt sinken. Wenn im Rahmen der Eurokrise unmittelbare und mittelbare Anleihekäufe bisweilen aber pauschal gleichgesetzt und dementsprechend gleichermaßen als untersagt angesehen wurden, ist das normativ verfehlt. Anleiheankäufe vom Sekundärmarkt können geldpolitisch durchaus sinnvoll sein. Sie generell zu untersagen, wäre mithin kaum zweckmäßig – die Bundesbank hat in ihrer Geschichte solche Anleiheankäufe immer wieder getätigt.

Richtig ist allerdings, dass das Verbot des unmittelbaren Anleiheankaufs nicht umgangen werden darf. Das wäre aber nur dann anzunehmen, soweit Ankäufe vom Sekundärmarkt ausnahmsweise faktisch die gleiche Wirkung wie Ankäufe vom Primärmarkt haben sollten. Erforderlich wäre also, dass die Sekundärmarktankäufe dazu führen, dass die Marktkräfte vollständig ausgehebelt werden, so dass sich die privaten Investoren bei ihrem Ankauf der Anleihen auf dem Primärmarkt keinerlei Gedanken zur Solvenz des emittierenden Staates mehr machen müssen. Eine solche Aushebelung der Marktkräfte dürfte aber nur in zwei Fällen anzunehmen sein: Zum einen im Falle einer Ankaufgarantie von Seiten der EZB für sämtliche Anleihen des jeweiligen Mitgliedstaates zum Ausgabepreis. Dann nämlich müssten die Marktteilnehmer beim originären Erwerb der Anleihen keine eigene ernsthafte Risikoanalyse durchführen – im Zweifel könnten sie die Anleihen angesichts der Ankaufgarantie jederzeit und ohne Verluste an die EZB weiterreichen. Zum anderen durch Gründung einer öffentlichen Institution, die die Anleihen von den Mitgliedstaaten zunächst am Primärmarkt erwirbt und anschließend direkt an die EZB weiterreicht. Im Rahmen der im Zusammenhang mit der Eurokrise durchgeführten Anleiheankaufprogramme ist keines dieser Szenarien verwirklicht worden, was mittlerweile auch der EuGH (zutreffend) festgestellt hat. Insbesondere hat die EZB in keinem Fall eine Ankaufgarantie für sämtliche Anleihen abgegeben. Die Marktrisiken wurden im Ergebnis also reduziert, aber nicht vollständig beseitigt. Von einer eigenen Risikoanalyse konnten die Marktteilnehmer vor diesem Hintergrund nicht absehen.

Darüber hinaus sei noch auf Folgendes hingewiesen: Dem Art. 123 AEUV lässt sich kein allgemeines mitgliedstaatliches Begünstigungsverbot entnehmen. Wenn es also, wie angedeutet, durch den Ankauf von Staatsanleihen zu einer mittelbaren Begünstigung der betroffenen Mitgliedstaaten kommt, ist das zunächst einmal kein Problem des Art. 123 AEUV. Es ist nicht verwerflich, wenn und soweit geldpolitische Maßnahmen sich auch für die Mitgliedstaaten positiv auswirken. Warum auch? Gute Geldpolitik ist allein dadurch gekennzeichnet, dass sie für Preisstabilität sorgt. Entscheidend ist freilich, dass die EZB auch zu Maßnahmen greift, die sich auf die finanzielle oder ökonomische Situation der Mitgliedstaaten negativ auswirken, sofern dies geldpolitisch erforderlich sein sollte.

Verhältnismäßigkeit und Begründung

Der EuGH hat in Reaktion auf die erste Vorlagefrage des Bundesverfassungsgerichts im Jahre 2016 angedeutet, dass möglicherweise auch der Grundsatz der Verhältnismäßigkeit eine rechtliche Grenze für das Handeln der EZB darstellen könnte. Die Maßnahmen der EZB dürften diesem Ansatz nach nicht über das hinausgehen, was zur Erreichung des jeweiligen geldpolitischen Ziels als erforderlich angesehen werden kann. Der Grundsatz der Verhältnismäßigkeit ist generell eine der wirksamsten Grenzen für behördliches Handeln und spielt daher vor allem in Deutschland – etwa im Bereich des Polizeirechts – eine erhebliche Rolle. Aus genau diesem Grund erweist es sich jedoch als fraglich, ob ausgerechnet dieser Grundsatz auch zur Begrenzung der Handlungen der EZB herangezogen werden kann. Wie oben dargelegt, handelt es sich bei der EZB nicht um eine „normale“ Behörde, die dem Einzelnen in Form hoheitlicher Maßnahmen im Über-/Unterordnungsverhältnis gegenübertritt. Für solche aber wurde der Grundsatz der Verhältnismäßigkeit ursprünglich entwickelt: Sie dürfen vor dem Hintergrund des verfolgten Zwecks nicht mehr als unbedingt nötig in die subjektiven Rechte der Betroffenen eingreifen. Und schon hier zeigt sich das Problem: Im Rahmen der Geldpolitik fehlt es an einem subjektiven Recht, in das eingegriffen wird. Bei einem Anleiheankaufprogramm etwa erwirbt die EZB Anleihen von privaten Marktteilnehmern. In deren Rechte wird also nicht eingegriffen, sie gehen die Geschäfte freiwillig ein. In seinem zweiten Vorlagebeschluss stellt das Bundesverfassungsgericht auf die Auswirkungen ab, die sich für die wirtschaftspolitischen Zuständigkeiten der Mitgliedstaaten ergäben. Wenn diese zu gravierend seien, müsse eine geldpolitische Maßnahme als unverhältnismäßig angesehen werden. Aber wann soll das der Fall sein, wenn man zudem berücksichtigt, dass auch „normale" geldpolitische Maßnahmen erhebliche Auswirkungen dieser Art haben können? Als Beispiel mögen die drastischen Leitzinserhöhungen der amerikanischen Fed Anfang der 80er Jahre genügen. Auch wenn die wirtschaftspolitischen Auswirkungen erheblich waren, wird man nicht sagen können, dass die Maßnahme unverhältnismäßig war – die Fed sah sich ja allein dadurch in der Lage, die Inflation wieder in den Griff zu bekommen. Es wäre insofern auch nachgerade absurd, wenn eine Regierung mit einer solchen Argumentation gegen eine Zentralbank vorgehen könnte. Die Möglichkeit der Zentralbank, solche harten und budgetwirksamen Entscheidungen gegen eine Regierung zu treffen, war ja gerade der Grund, sie in die Unabhängigkeit zu entlassen.[32] Ohnehin müsste man stets auch

---

[32] Ähnlich auch *M. Hellwig*, Target-Falle oder Empörungsfalle?, Discussion Papers of the Max Planck Institute for Research on Collective Goods, 2019/5, S. 11.

berücksichtigen, welche Auswirkungen ein Nichthandeln auf die Wirtschaft gehabt hätte. Wie aber sollte ein Gericht das tun? Insgesamt dürfte das Verhältnismäßigkeitsprinzip daher in diesem Bereich kaum weiterführen. Zu verlangen ist allerdings, dass die EZB ihr Handeln umfassend begründet und in ihrer Entscheidung nicht nur die Motivation, sondern auch die erhofften Wirkungen im Einzelnen darlegt. Die Anforderungen an eine solche Begründung – und diese wäre dann auch durch den EuGH überprüfbar – könnten steigen, je weniger es sich um eine rein geldpolitische Maßnahme handelt und je mehr das Mittel der Wahl ein eher unkonventionelles Instrument darstellt. Darauf wird im letzten Kapitel noch einmal zurückzukommen sein.

Gerichtliche Kontrolle

Mit diesen normativen Begrenzungen steht zugleich fest, dass das Handeln der EZB selbstverständlich einer Kontrolle durch den EuGH unterliegt. Dieser Umstand wird in der Satzung der EZB ausdrücklich festgehalten und wurde daher niemals ernsthaft in Frage gestellt. Tatsächlich erweist sich eine solche gerichtliche Kontrollmöglichkeit aus rechtsstaatlicher Perspektive als zwingend. Es wäre nicht hinnehmbar, wenn eine staatliche Institution abgesehen von der kritischen Öffentlichkeit keinerlei formaler Kontrolle durch die Dritte Gewalt unterläge. Die unabhängige Stellung der EZB vermag daran nichts zu ändern, die Unabhängigkeit „führt nicht zu einer Lösung der EZB von der Union und ihrem Recht.“[33] Im Übrigen hat auch die EZB selbst ein Interesse an einer solchen Kontrolle, die ihre Tätigkeit nicht im Detail lenken, sondern lediglich die Einhaltung der für

---

[33] *U. Häde*, in: C. Calliess/M. Ruffert, EUV/AEUV, Art. 130 AEUV, Rn. 10.

sie ohnehin bindenden rechtlichen Grenzen überwachen soll. Damit aber ist das eigentliche „Problem“ dieser gerichtlichen Kontrolle bereits skizziert: Soll die EZB ihr Mandat effektiv wahrnehmen können, bedarf es – das ist bereits mehrfach betont worden – gerade in einem komplexen und inhomogenen Währungsgebiet wie der Eurozone einer gewissen Handlungsflexibilität. Diese Besonderheiten geldpolitischer Maßnahmen müssen daher bei der gerichtlichen Kontrolle der Tätigkeit der EZB berücksichtigt werden. Auch kann es nicht Aufgabe des Gerichts sein, sich in einen geldpolitischen ökonomischen Streit einzumischen; dazu fehlt es dem Gericht schon an der nötigen Sachkompetenz. Gerichte müssen dann in ihrem Kontrollanspruch zurücktreten, wenn sie andernfalls aus funktionellen Gründen überfordert wären – letztlich würde ein Gericht die Frage dann nicht selbst entscheiden, sondern müsste externe Sachverständige laden, was aber ebenfalls nicht zielführend scheint. Die Zweckmäßigkeit von Anleiheankäufen etwa war und ist in der Ökonomie hoch umstritten. Während einige sie generell skeptisch sehen, wollen andere sie eher noch ausweiten. Das Problem ist damit nicht das „Ob“ gerichtlicher Kontrolle, sondern das „Wie“. Sie sollte sich jedenfalls im Bereich der geldpolitischen zentralen Maßnahmen auf eine Vertretbarkeitskontrolle beschränken. Das bedeutet: Das Gericht überprüft (durchaus unter Zuhilfenahme von Sachverständigen), ob sich die von der EZB vorgetragene Ansicht zu Motiv und Wirkung des gewählten Instruments als nachvollziehbar und nicht völlig abwegig darstellt. Im Falle der Anleiheankäufe wäre die gerichtliche Kontrollfrage also nicht, ob Anleiheankäufe in der gegebenen Situation das richtige geldpolitische Mittel darstellen, sondern ob es sich als *vertretbar* erweist, in der gegebenen Situation auf Anleiheankäufe zu setzen. Das schließt insbesondere aus, dass sich das Gericht in seinem Urteil einfach einer weiteren möglicherweise ebenso vertretbaren Ansicht anschließt. Notwendig ist dazu, dass die EZB ihr Handeln zu jedem Zeitpunkt in ausreichender Form begründet. Auch darauf wird noch einmal im letzten Kapitel zurückzukommen sein.

5. Kontrolle in der Eurokrise: BVerfG vs. EZB

Die Eurokrise hat aufgezeigt, welche erhebliche Bedeutung einer Zentralbank für die Funktionsfähigkeit eines Währungsraumes zukommen kann. Die im ersten Kapitel zitierte „Whatever-it-Takes-Rede" *Mario Draghis* wird mit guten Gründen als eine der entscheidenden Maßnahmen angesehen, mit der ein Auseinanderbrechen der Eurozone (vorerst) verhindert werden konnte. Dieser öffentlichkeitswirksame Auftritt auf der politischen Bühne wurde allerdings keineswegs von allen Seiten goutiert. Vor allem in der deutschen Öffentlichkeit wurde das Vorgehen der EZB teilweise heftig kritisiert. Mit der Bundesbank – so die nicht selten zu vernehmende These – hätte es so etwas nicht gegeben. Dieser Vergleich war freilich kaum passend, schon weil die Bundesbank in ihrer Geschichte mit keiner vergleichbaren Krise oder mit entlang nationaler Grenzen fragmentierten Auswirkungen ihrer Geldpolitik umgehen musste. Und wie die Bundesbank in einem solchen Fall tatsächlich reagiert hätte, lässt sich seriös kaum feststellen, zumal auch die Besonderheiten des europäischen Währungsraumes zu beachten wären. Gleichwohl waren die von der EZB gewählten Maßnahmen auch ökonomisch zweifellos hoch umstritten. Der Eindruck, der allerdings in Deutschland bisweilen hervorgerufen wurde, täuscht: Die EZB befand sich mit ihrem Vorgehen keineswegs auf der Seite der ökonomischen Minderheit. Gerade dass die von deutschen Ökonomen vorgetragene Ansicht eher eine solche der Minderheit war, kann vielmehr erklären, warum schnell versucht wurde, das Handeln der EZB weniger mit ökonomischen, als mit rechtlichen Mitteln zu verhindern. Das Vorgehen der EZB mag ökonomisch (noch) vertretbar sein, so die Argumentation, der normative Rahmen aber erlaubt es nicht. Das Bundesverfassungsgericht nahm diese Bedenken in seiner historisch ersten Vorlageentscheidung auf, und legte dar, warum es davon ausging, dass das OMT-Programm weder mit dem Mandat der EZB noch mit der Regelung des Art. 123 AEUV vereinbar sei: Es handele sich nicht um Geld-, sondern um Wirtschaftspolitik, zudem werde das Verbot der monetären Haushaltsfinanzierung umgangen, indem den betroffenen Mitgliedstaaten eine Finanzierung erleichtert werde. Mit beiden Einwänden drang das Bundesverfassungsgericht beim EuGH jedoch nicht durch: Auch die Wiederherstellung gestörter geldpolitischer Transmissionsmechanismen sei vielmehr als geldpolitische

Das Vorabentscheidungsverfahren

Das Vorabentscheidungsverfahren ist ein gerichtliches Verfahren, bei dem ein nationales Gericht eine in einem nationalen Verfahren aufkommende Frage zur Auslegung oder zu Gültigkeit von EU-Recht dem EuGH vorlegen kann. Es handelt sich also um ein Zwischenverfahren. Die Auslegungs- oder Gültigkeitsentscheidung des EuGH ist für das vorlegende Gericht bindend. Geregelt ist das Verfahren in Art. 267 AEUV. Ausführlich dazu *Alexander Thiele*, Europäisches Prozessrecht, 2. Aufl. 2014, § 9.

Maßnahme einzuordnen,[34] der Anleiheankauf vom Sekundärmarkt begründe zudem (mangels Ankaufgarantie) keine Umgehung des Art. 123 AEUV.[35] Das Bundesverfassungsgericht nahm dieses Urteil zwar an, wandte sich aber im Hin-

---

[34] Dazu auch *A. Thiele*, Die EZB als fiskal- und wirtschaftspolitischer Akteur?, EuZW 2014, 694 ff.

[35] Vgl. dazu *H. Tappe/R. Wernsmann*, Öffentliches Finanzrecht, 2. Auflage 2019, Rn. 859.

blick auf das folgende allerdings anders motivierte Anleiheankaufprogramm im Jahr 2017 wiederum an den EuGH – um im Ergebnis erneut zu scheitern. Der normative Rahmen ist für die EZB eben, wie soeben erläutert, sehr weit gefasst.

In Deutschland ist das Bundesverfassungsgericht für dieses Vorgehen zumeist gelobt worden. Allerdings zeigt sich darin auch die große Gefahr, die damit einhergeht, wenn versucht wird, das Recht für die Lösung ökonomischer Dispute zu instrumentalisieren. Das Bundesverfassungsgericht stützte sich bei seiner Interpretation des rechtlichen Rahmens nämlich im Kern auf die ökonomischen Auffassungen der Kritiker der EZB, legte diese den rechtlichen Bestimmungen zugrunde und nahm andere (vertretbare) Ansichten nur sehr bedingt zur Kenntnis. Das Bundesverfassungsgericht stellte also gerade nicht die oben erläuterte Vertretbarkeitsfrage, sondern ging von einer bestimmten geldpolitischen Philosophie aus. Der rechtliche Handlungsrahmen aber ist bewusst weit ausgestaltet und kann und will solche hoch umstrittenen ökonomischen Fragen nicht abschließend entscheiden. Ihm liegt gerade im Hinblick auf den Einsatz der Instrumente keine spezifische geldpolitische Philosophie zugrunde. Das ist allerdings kein zu beseitigendes Defizit, sondern eine Einsicht in die Grenzen rechtlicher Steuerungsfähigkeit ökonomisch beziehungsweise geldpolitisch komplexer Sachverhalte. Es gilt also diese Ambiguität des Rechts auszuhalten und nicht zu versuchen, diese zugunsten der einen oder anderen Auffassung aufzulösen. Das Recht lässt unterschiedliche Handlungen zu und überträgt die Entscheidung über die zweckmäßigste Vorgehensweise anderen (politischen) Instanzen – vorliegend der EZB. Eine öffentliche Debatte wird dadurch keineswegs ausgeschlossen. Allein das Recht wird für eine solche Kritik – in den überwiegenden Fällen – keine brauchbaren Argumente liefern. Auch wenn die EZB, etwa bei der Annahme griechischer Staatanleihen als ausreichende

Sicherheit, ihren normativen Handlungsrahmen möglicherweise partiell übertreten hat:[36] Von einem offensichtlichen Rechtsbruch der EZB konnte gleichwohl zu keinem Zeitpunkt die Rede sein – ein Eindruck, der in Deutschland bis heute freilich in vielen Diskussionen vorherrscht. Wer dies undifferenziert verbreitet, und weiterhin von einer völlig im rechtsfreien Raum agierenden EZB spricht, trägt aber allein zur Delegitimierung einer Institution bei, die auf die Herausforderungen der Eurokrise (bei aller berechtigten Kritik) durchaus erfolgreich und vor allem normativ zulässig reagiert hat. Dass manche (deutsche) Ökonomen mit den Handlungen unzufrieden waren, ändert an diesem Befund nichts. Wie in allen politischen Bereichen gilt auch hier: Es kann und muss über die richtigen Schritte gestritten werden. Das Recht erlaubt einen solchen Streit und will ihn nur in sehr seltenen Fällen zugunsten einer bestimmten geldpolitischen Richtung abschließend entscheiden. Für demokratische Ordnungen ist das generell eine gute Nachricht.[37]

---

[36] Siehe dazu *A. Thiele*, Das Mandat der EZB und die Krise des Euro, S. 80 ff.

[37] Zur Notwendigkeit einer gesunden Streitkultur in Demokratien vgl. nur *A. Thiele*, Verlustdemokratie, 2. Aufl. 2018, S. 56 ff.

IV. Die Präsidenten der EZB

„Ich höre, aber ich höre nicht auf sie.“
Wim Duisenberg[1]

Die Präsidenten der EZB – es gab anders als bei der amerikanischen Fed bisher noch keine Präsidentinnen – nehmen in der öffentlichen Wahrnehmung der Tätigkeit der EZB ebenso wie bei anderen Zentralbanken eine besondere Rolle ein. Die Namen *Mario Draghi*, *Jerome Powell* oder *Jens Weidmann* sind – darauf wurde im ersten Kapitel bereits hingewiesen – jedem regelmäßigen Zeitungsleser bekannt und stehen meist zugleich stellvertretend für die (vermeintliche) geldpolitische Ausrichtung der jeweiligen Zentralbank. Den Hintergrund bildet vor allem der Umstand, dass in der Öffentlichkeit und in den Medien insbesondere die Präsidenten wirken: Sie sind es, die die viel beachteten Pressekonferenzen leiten, auf denen die bisherige und kommende Geldpolitik der Zentralbank erläutert wird. Aus medialer Sicht sind sie das „Gesicht der EZB“. Andere Mitglieder der zentralen Entscheidungsgremien treten nicht oder allenfalls selten und meist nur in Bezug auf bestimmte (technische) Bereiche in der Öffentlichkeit auf. Sofern die EZB-Ratsmitglieder längere Inter-

---

[1] *Wim Duisenberg* zu Forderungen der damaligen Finanzminister der Mitgliedstaaten, die Leitzinsen zügig zu senken.

views geben, erfolgt das meist in ihrer Funktion als nationale Zentralbankpräsidenten. Nach außen spricht die EZB hingegen in der Regel mit nur einer Stimme – und das erscheint auch notwendig, da widersprüchliche Aussagen die Glaubwürdigkeit der EZB erheblich beeinträchtigen könnten. Die internen Entscheidungsprozesse sind, wie oben dargelegt, hingegen sehr viel komplexer. Nicht selten müssen – gerade in Krisenzeiten – sehr unterschiedliche geldpolitische Auffassungen der EZB-Ratsmitglieder in einen Ausgleich gebracht werden, bevor eine Entscheidung getroffen werden kann. Im Zusammenhang mit der Eurokrise ist das aufgrund der ungewöhnlich deutlichen Kritik am Vorgehen der EZB durch den damaligen Präsidenten der Deutschen Bundesbank, *Jens Weidmann*, auch sichtbar geworden. Das vom EZB-Präsidenten am Ende dieses Prozesses in der Öffentlichkeit präsentierte Ergebnis muss daher keineswegs umfassend mit seiner persönlichen geldpolitischen Einschätzung übereinstimmen – „Alleingänge" des Präsidenten sind angesichts der internen Entscheidungsfindung per Mehrheitsbeschluss nicht ohne weiteres möglich. Trotzdem spielt er selbstverständlich eine bedeutende Rolle, auch und gerade weil er die Sitzungen leitet, diese gemeinsam mit den anderen Direktoriumsmitgliedern vorbereitet und dadurch auf den Inhalt und den Verlauf der Sitzungen beachtlichen Einfluss nehmen kann. Eine Geldpolitik, die völlig konträr zu den Vorstellungen des Präsidenten läuft, wird keine Zentralbank lange durchhalten können. Die formalen Befugnisse des EZB-Präsidenten bestätigen denn auch (zumindest partiell) den besonderen Status, der diesem von der Öffentlichkeit zugewiesen wird (1). Im Hinblick auf ihre geldpolitische Philosophie werden die Präsidenten meist in einem binären Schema danach eingeteilt, ob sie – und damit letztlich auch die Zentralbank, der sie vorstehen – eher für eine restriktive oder für eine expansive Form der Geldpolitik stehen (2). Der Umfang des Einflusses des Präsidenten hängt neben den formalen Befugnissen auch von der Art ab, wie dieser seine konkrete Rolle interpretiert und wie er dadurch versucht, die anderen EZB-Ratsmitglieder von seiner geldpolitischen Philosophie zu überzeugen. Von daher scheint ein kurzer Blick auf die Biographien der bisherigen Präsidenten lohnend (3).

1. Aufgaben und Stellung des Präsidenten

Im internen Entscheidungsprozess wird die besondere Stellung des Präsidenten vor allem dadurch gespiegelt, dass er allen Beschlussorganen der EZB formal vorsitzt. Der Präsident leitet die Sitzungen des Direktoriums, des EZB-Rats und auch des Erweiterten Rates und ist damit neben dem Vizepräsidenten die einzige Person, die in allen drei Organen als förmliches Mitglied stimmberechtigt ist. Wie diese Sitzungen ablaufen, welcher Diskussionsstil gepflegt wird und wann es zu Abstimmungen kommt, liegt dadurch in der Hand des Präsidenten und ist normativ nur sehr begrenzt vorgegeben, wie das auch in den meisten anderen kollektiv besetzten Organen der Fall ist. So kann er – theoretisch – die geldpolitischen Debatten kürzer oder länger, wissenschaftlicher oder pragmatischer, offener oder weniger offen führen lassen. Er kann sich mit einem kurzen Eingangsstatement begnügen und ohne gefestigte geldpolitische Vorstellungen die Sitzungen eher moderierend leiten oder aber zu Beginn der Sitzungen umfassend die Notwendigkeit einer bestimmten geldpolitischen Intervention begründen und im Kern lediglich um Bestätigung der geplanten Vorgehensweise bitten. Dabei beginnt der Einfluss gerade auf die EZB-Ratssitzungen bereits durch deren Vorbereitung im Direktorium. Hierzu gehören auch die Festlegung der (vorläufigen) Tagesordnung und die Versorgung der Ratsmitglieder mit den notwendigen Dokumenten und Analysen. Es ist unmittelbar einsichtig, dass der Präsident die Richtung der anstehenden Diskussion auf diesem Wege erheblich beeinflussen kann und letztlich wohl auch beeinflussen soll – nicht zuletzt das Verhandlungsgeschick *Jean-Claude Trichets* gilt als legendär, wie *Neil Irwin* in seinem Buch „Die Alchemisten" anschaulich beschreibt.[2] Das ist keineswegs per se verwerflich: In jeder größeren Organisation spielt Führung eine wichtige Rolle und gerade bei einer Zentralbank kommt auch der Kontinuität der geldpolitischen Entscheidungen eine Relevanz zu, die durch einen vergrößerten Einfluss des Präsidenten prinzipiell gesichert werden kann. Es ist dies auch der Grund, warum nach den bestehenden Abstimmungsregelungen im Direktorium und im EZB-Rat bei Stimmengleichheit die Stimme des Präsidenten den Ausschlag gibt. Im Direktorium muss der Präsident daher nur zwei weitere Mitglieder von seinem Vorschlag überzeugen, um einen Beschluss in seinem Sinne sicherzustellen. In der Regel wird aber, darauf ist bereits hingewiesen worden, ohnehin ohne formale Abstimmung im Konsens und dann meist im Sinne des Präsidenten entschieden.

Im Innenverhältnis ist der Präsident dennoch kein absoluter Herrscher, kein zweiter *Ludwig XIV.* Weiterhin muss er im zentralen Entscheidungsorgan – dem EZB-Rat – ausreichend nationale Zentralbankpräsidenten hinter sich wissen, um für seine geldpolitischen Vorstellungen eine Mehrheit zu gewinnen. Und auch wo letztlich im Konsens entschieden wird, kann es ein wenig dauern, bis dieser hergestellt ist. Konsensentscheidung bedeutet also nicht, dass dieser Konsens auch von Anfang an bestand. Zwar wird immer wieder

---

[2] *N. Irwin*, Die Alchemisten, S. 164 ff.

behauptet, dass entgegenstehende Ansichten nationaler Präsidenten kleinerer Zentralbanken in diesem Zusammenhang keine allzu große Hürde für den Präsidenten darstellten. Das erscheint aber wenig überzeugend, auch wenn man das angesichts der Vertraulichkeit der Sitzungen nicht abschließend wird beantworten können. Sicher aber ist: Es bedarf stets einer gewissen fachlich fundierten Überzeugungsarbeit. Durch das Erfordernis der Mehrheitsentscheidung wird damit sichergestellt, dass der EZB-Präsident keine völlig abwegigen geldpolitischen Vorschläge machen kann. Solchen würden die EZB-Ratsmitglieder schon aus eigenem Interesse nicht folgen. Am Ende werden sämtliche EZB-Ratsmitglieder allein daran gemessen, wie die EZB als Ganzes ihrer geldpolitischen Aufgabe nachkommt. In jedem Fall sind die Ratsmitglieder in ihrer Funktion nicht vom Präsidenten abhängig oder müssten bei fehlendem „Gehorsam" sonstige Repressalien fürchten.

Nach außen wirkt der Präsident, wie dargelegt, insbesondere dadurch, dass er (allein) die EZB in der Öffentlichkeit vertritt. Dazu gehört vor allem die öffentliche Präsentation der vom EZB-Rat getroffenen geldpolitischen Beschlüsse. Die Beschlüsse werden zwar auch publiziert. Ohne die erläuternden Kommentare des Präsidenten lässt sich aus diesen die konkrete geldpolitische Strategie der EZB allerdings kaum oder jedenfalls nur schwer ermitteln. Das gilt zwangsläufig vor allem in solchen Fällen, in denen der EZB-Rat sich darauf einigt, vorerst keine Veränderungen der geldpolitischen Rahmenbedingungen vorzunehmen. Insbesondere in zeitlicher Sicht erlaubt ein solcher Beschluss vielfältige Interpretationen: Sollen die Leitzinsen damit auch in der näheren Zukunft, vielleicht sogar für einen längeren Zeitraum konstant gehalten werden? Oder wurden die Bedingungen nur „noch nicht" verändert, steht also eventuell schon auf der nächsten Sitzung eine Modifikation an? Und in welche

Richtung könnte eine solche Modifikation gehen? Diese Erläuterungen spielen für die Marktteilnehmer immer eine beachtliche Rolle, die sich im Medieninteresse spiegelt – meist wird schon unmittelbar vor der Sitzung von Experten spekuliert, wie die Beschlüsse ausfallen könnten. Der Präsident steht dabei allerdings nicht selten auch vor der herausfordernden Aufgabe, unterschiedliche Ansichten im EZB-Rat über die weitere Entwicklung nicht einfach zu übergehen. Er kann hier also nicht einfach seine Interpretation vortragen und auf andere Ansichten keinerlei Rücksicht nehmen. *Neil Irwin* beschreibt in seinem Buch „Die Alchemisten" diesbezüglich eine Situation aus dem Jahre 2008, als *Jean-Claude Trichet* als Präsident fungierte:

> „Am 8. Juni 2008 war der EZB-Rat gespalten. Trichet sagte es nachher so: ‚Wir tauschten wie immer verschiedene Meinungen und Vorstellungen aus und legten unsere Analysen offen dar. Einige von uns waren der Meinung, dass es … gute Gründe für eine Zinserhöhung gebe. Andere glaubten, es gebe Gründe, eine Zinserhöhung erst zu einem späteren Zeitpunkt vorzunehmen, und wieder andere hielten einen solchen Schritt nicht für unbedingt erforderlich.' Die Kompromisslösung: Diesmal kündigte Trichet keine ‚hohe Wachsamkeit' und damit einen fast sicheren Zinsschritt an, sondern beließ es bei ‚erhöhter Wachsamkeit', ein Signalwort, das auf eine wachsende Wahrscheinlichkeit einer Zinserhöhung hindeutete, ohne dass sich die EZB gegenwärtig zu diesem Schritt verpflichten wollte."[3]

Mit dieser Aufgabenzuweisung an den Präsidenten geht zugleich einher, dass die übrigen Ratsmitglieder grundsätzlich nicht zuständig sind, die aktuelle EZB-Politik in der Öffentlichkeit zu erläutern und zu kommentieren. So kontrovers die EZB-Ratssitzung auch gewesen sein mag: Nach

---

[3] *N. Irwin*, Die Alchemisten, S. 197.

außen spricht die EZB mit einer Stimme. Das Austragen von Kontroversen in der Öffentlichkeit könnte erhebliche Reputationsverluste und damit eine Beeinträchtigung der Funktionsfähigkeit der EZB hervorrufen. Mit der abschließenden Mehrheitsentscheidung kommt insofern auch den überstimmten Ratsmitgliedern die Aufgabe zu, diese nunmehr gemeinsame Geldpolitik im Außenverhältnis zumindest nicht in Frage zu stellen. Abweichende geldpolitische Ansichten müssen vielmehr im Innenverhältnis verbleiben. Im Rahmen der Eurokrise war daher vor allem das Wirken des damaligen deutschen Bundesbankpräsidenten *Jens Weidmann* problematisch, als er in der Öffentlichkeit einzelne Anleiheankaufprogramme der EZB teilweise deutlich kritisierte und zudem ihre normative Zulässigkeit öffentlich in Zweifel zog. Das ging letztlich sogar so weit, dass er in einem Verfahren vor dem Bundesverfassungsgericht in seiner Funktion als nationaler Zentralbankpräsident formal zu diesen Bedenken angehört wurde. In der mündlichen Verhandlung traten dadurch mit *Jörg Asmussen* (dem damaligen deutschen EZB-Direktoriumsmitglied) und *Jens Weidmann* zwei Angehörige der EZB öffentlich gegeneinander an, und stritten über die Geldpolitik der EZB. Damit aber verkannten sowohl *Jens Weidmann* als auch das Bundesverfassungsgericht die Aufgabe und funktionelle Stellung *Weidmanns* innerhalb des institutionellen EZB-Gefüges. Als Privatmann kann und darf *Weidmann* selbstverständlich jede geldpolitische Position vertreten, die er für richtig hält. In seiner Funktion als Mitglied des EZB-Rates aber hatte er die offizielle Geldpolitik der EZB zu verteidigen, durfte diese aber jedenfalls nicht öffentlich und in dieser Deutlichkeit kritisieren. Mit diesem offen ausgetragenen innerinstitutionellen Disput hat *Weidmann* der Institution der EZB damit keinen Gefallen getan. Wo ein Ratsmitglied die offizielle Position der EZB (gerade in einer Krisensituation) nicht nach außen vertreten kann, sich mit seinen internen Einflussmöglichkeiten aber nicht zufrieden geben will, bleibt allein der Rücktritt: tertium non datur. *Weidmanns* Vorgänger, *Axel Weber*, ist diesen Schritt gegangen, als er die damalige Krisenpolitik der EZB unter *Jean-Claude Trichet* nicht mittragen wollte und hat damit nach Ansicht zahlreicher Kommentatoren zugleich eine sehr wahrscheinliche Nachfolge als EZB-Präsident aufgegeben.

2. Von Tauben und Falken

Angesichts dieses Einflusses auf die Geldpolitik interessiert die Öffentlichkeit zwangsläufig, welcher geldpolitischen Philosophie ein Präsident der EZB anhängt. Gerade in Zeiten, in denen ein Personalwechsel an der Spitze der EZB ansteht, werden mögliche Kandidaten daher sowohl von politischer, als auch von medialer Seite genauestens analysiert. Eine solche Einordnung ist generell schwierig, was vor allem an der beschriebenen Komplexität der Geldpolitik liegt. Aus der geldpolitischen Reaktion in einem Fall lässt sich schwer prognostizieren, wie von der Person in einem anderen Fall entschieden werden wird. Besondere Probleme bereitet eine solche Analyse naturgemäß bei solchen Kandidaten, die zuvor nicht in einer (nationalen) Zentralbank tätig waren, also keine Geldpolitiker im engeren Sinne sind. Zwar kommen schon aus rechtlichen Gründen nur solche Personen für die Präsidentschaft in Frage, die dem Kreis der in Währungs- und Bankfragen anerkannten und erfahrenen Persönlichkeiten angehören. Damit sind aber selbstverständlich auch solche Personen adressiert, die zuvor bei anderen Finanzmarktakteuren tätig waren (etwa bei Großbanken oder bei der Finanzaufsicht) oder aus dem geldpolitischen Wissenschaftsbetrieb stammen. Welche Art der

Geldpolitik solche Personen für richtig halten, lässt sich dann nur aus öffentlichen Statements und möglicherweise anderen Veröffentlichungen mittelbar erschließen – und genau das wird dann auch (bisweilen etwas angestrengt) versucht. Ein wirklich kohärentes Bild ergibt sich daraus selten.

Gleichwohl werden Geldpolitiker (im engeren und weiteren Sinne) zur Vereinfachung nicht nur, aber vor allem medial häufig in zwei vermeintlich entgegengesetzte Gruppen unterteilt: in sogenannte Falken und Tauben. Präsidenten und Präsidentschaftskandidaten, aber auch andere Ratsmitglieder werden dann einer dieser beiden Gruppen zugeordnet, teilweise finden sich noch weitere, vermeintlich präzisierende Differenzierungen: „Strenger Falke“, „eher falkisch denkend“, „eindeutig den Tauben zugehörig“ etc.

Als geldpolitische Falken gelten in diesem Zusammenhang solche Personen, die sich für eine restriktive Geldpolitik aussprechen und den Fokus vor allem auf die Gewährleistung der Preisstabilität legen. Sie sehen Ausweitungen der Geldbasis tendenziell eher kritisch und sprechen sich im Zweifel gegen Zinssenkungen und sehr viel eher für Zinserhöhungen aus. Der Übertragung zusätzlicher Aufgaben auf die Zentralbank stehen sie skeptisch gegenüber, da dies die Wahrnehmung der zentralen Aufgabe erschweren könnte. Tauben sind hingegen Befürworter einer expansiveren Form der Geldpolitik und betonen neben der Inflationsbekämpfung weitere Aufgaben einer Zentralbank, namentlich die Unterstützung der Wirtschaftspolitik oder die Bekämpfung der Arbeitslosigkeit. Zinssenkungen stehen sie in der Regel sehr viel positiver gegenüber, gleiches gilt für expansive (unkonventionelle) geldpolitische Maßnahmen wie Anleihekäufe.

Schon diese knappe Definition zeigt, dass es sich nur um eine sehr grobe Einteilung handelt, zumal bisweilen schon allein die geographische Herkunft der Person zu einer Einordnung führt: Südeuropäer gelten danach eher als Tauben, Nordeuropäer, insbesondere Deutsche und Niederländer, als (strenge) Falken.[4] Für den Euroraum kommt hinzu, dass diese Einteilung schon normativ nur von einem begrenzten Wert sein kann: Wegen des besonderen geldpolitischen Mandats, das der Gewährleistung der Preisstabilität oberste Priorität einräumt, kommen für eine Präsidentschaft prinzipiell nur Falken in Betracht. Die Unterstützung der Wirtschaftspolitik ist ihr zwar gestattet, aber nur soweit dieses vorrangige Ziel nicht gefährdet ist. Sonstige Ziele darf sie von vornherein nicht verfolgen. Sinnvoll ist die Einteilung in Tauben und Falken damit vor allem für Präsidenten solcher Zentralbanken, deren Mandat erstens mehrere Ziele formuliert, die zweitens nicht in einem strengen Rangverhältnis zueinander stehen. Ein Beispiel wäre die amerikanische Fed, die nach dem Federal Reserve Act die drei partiell im Konflikt stehenden Ziele hoher Beschäftigungsstand, niedrige Zinsen sowie Preisstabilität gleichrangig verfolgen soll. Welchem Ziel in der konkreten Situation Priorität eingeräumt wird, obliegt hier tatsächlich der Fed selbst und damit zu einem großen Teil auch dem jeweiligen Präsidenten. Für die EZB ergibt die genannte Zuordnung insofern nur Sinn, soweit es um die Ausfüllung der oben beschriebenen Beurteilungsspielräume geht, die trotz des engen geldpolitischen Mandats bestehen. Auch insoweit sollte deren Relevanz allerdings nicht überbewertet werden. Nur selten lassen sich Zentralbanker eindeutig und in jeder Situation einer der

[4] Symptomatisch etwa die Ausführungen in The Economist, April 13th–19th 2019, S. 11: „northern European hawks“. Und aaO auf S. 61 heißt es „hawkish northerner“.

beiden Gruppen zuordnen. Die Komplexität der Geldpolitik spiegelt sich insofern in einer gewissen Komplexität der geldpolitischen Philosophien, die mit der binären Einteilung nicht annähernd erfasst wird. In wirtschaftlich aufgeregten Krisenzeiten – und gerade hier wäre es ja interessant – hilft die Einteilung bei der Vorhersage geldpolitischer Interventionen daher kaum weiter. Auch der „Falke" *Jens Weidmann* hat den Großteil der von der EZB beschlossenen expansiven Maßnahmen ausdrücklich mitgetragen und war nur bezüglich bestimmter Anleiheankäufe kritisch. Und *Jean-Claude Trichet* bestätigte, dass die geographische Herkunft als geldpolitischer Indikator nur von begrenztem Wert ist, und galt alsbald „als deutscher, als die Deutschen."[5] Es kommt am Ende eben doch auf das konkrete Individuum an. Letztlich mag diese grobe Einteilung damit von einem gewissen medialen Wert sein. Mehr als vage geldpolitische Tendenzen für „Normalzeiten" lassen sich ihr aber kaum entnehmen. Um einen wirklich krisenfesten Eindruck von der jeweiligen geldpolitischen Philosophie eines Präsidenten zu bekommen, bedarf es einer näheren und sehr viel konkreteren Analyse seines geldpolitischen Handelns über einen längeren Zeitraum. Auch wenn das an dieser Stelle nicht geleistet werden kann, sollen die bisherigen Präsidenten der EZB daher in kurzen biographischen Skizzen ein wenig näher beleuchtet werden.

---

[5] *H. James*, Making the European Monetary Union, S. 394.

3. Die bisherigen Präsidenten – biographische Skizzen

Angesichts der Unabhängigkeit der EZB und des soeben skizzierten Einflusses des Präsidenten auf die konkrete Geldpolitik erweist sich die Suche nach einem geeigneten Kandidaten stets als eine hochpolitische Angelegenheit. Hinzu kommt die symbolische Bedeutung: Selbst wenn der Einteilung in Falken und Tauben in der Praxis keine allzu große Relevanz zugemessen werden sollte, kommt ihr in der politisch-medialen Berichterstattung und damit auch in den politischen Debatten eine gewisse Wichtigkeit zu. Schließlich: Die Vergabe des Postens des EZB-Präsidenten muss mit anderen EU-Posten abgestimmt werden.[6] Eine Mehrheitsabstimmung im Europäischen Rat, die rechtlich möglich ist, kommt daher praktisch nicht vor. Vielmehr wird die Personalfrage von den Staats- und Regierungschefs im Konsens und meist im Paket mit anderen Personalentscheidungen entschieden:[7]

> „In der Realität wird der Chef der Europäischen Zentralbank folgendermaßen ausgewählt: Die europäischen Regierungen feilschen um den Posten. Im Grunde würde jedes Land am Liebsten seinen eigenen Vertreter an der Spitze der Zentralbank sehen, aber die Regierungschefs müssen diesen Wunsch gegen den politischen Preis abwägen, den sie dafür zahlen werden: Welche Zugeständnisse müssen sie im Gegenzug in Verhandlungen über geldpolitische Fragen oder andere Streitpunkte machen? Und sie

---

[6] Im Jahr 2019 war dieses Paket dabei besonders groß: Ende des Jahres waren neben dem Präsidenten der EZB auch der Präsident des Europäischen Rates sowie der Europäischen Kommission neu zu besetzen, eine nur alle 40 Jahre auftretende Konstellation.

[7] Vgl. The Economist, April 13th–19th 2019, S. 11: „Behind the political game of revolving chairs is a battle between countries to control policy."

> müssen sich fragen, ob sie überhaupt einen Kandidaten ins Rennen schicken können, der als kompetent und glaubwürdig genug gilt, um sich die Unterstützung anderer Länder zu sichern. Sodann ist da die Frage, wer ‚an der Reihe ist'".[8]

Ein näherer Blick auf die bisherigen Präsidenten bestätigt diesen komplexen Auswahlprozess. Die drei Präsidenten standen im Anschluss an ihre Ernennung vor sehr unterschiedlichen Herausforderungen. Musste *Wim Duisenberg* vor allem dafür Sorge tragen, die neu errichtete EZB intern arbeitsfähig zu gestalten, das Euro-Bargeld einzuführen sowie das notwendige Vertrauen auf Seiten der Marktteilnehmer zu gewinnen, ging es bei *Jean-Claude Trichet* anfangs um einen ersten geordneten Übergang und die Bewahrung eben dieses Vertrauens insbesondere im Hinblick auf die Unabhängigkeit der EZB von der politischen Ebene. In der zweiten Hälfte seiner Amtszeit dominierten allerdings bereits die Finanz- und Eurokrise die tägliche Arbeit. Die Bewältigung dieser Krisen stand für *Mario Draghi* von Beginn an ganz im Zentrum seiner Amtszeit. Geldpolitisch „normale" Zeiten hat *Mario Draghi* als EZB-Präsident nicht erlebt.

Willem (Wim) Duisenberg (*1935, † 2005)

Nachdem der Sitz der EZB und der Name der neuen Währung bereits Mitte der neunziger Jahre bestimmt worden waren, blieb die Frage nach dem ersten Präsidenten noch vergleichsweise lange unbeantwortet – immerhin sollte die EZB die Geldpolitik zum 1.1.1999 mit dem Beginn der dritten Stufe der Währungsunion von den Mitgliedstaaten übernehmen. Nachdem sich deutsche Vorstellungen sowohl beim Sitz als auch bei der Ausgestaltung des geldpolitischen Man-

[8] *N. Irwin*, Die Alchemisten, S. 352.

© IMF. gemeinfrei

dats durchgesetzt hatten, kam allerdings ein deutscher Präsident nicht in Frage. Dann, so *Neil Irwin*, „hätte man sie [die EZB, A.T.] gleich Neue Bundesbank nennen können." Von politischer Seite wurde folglich eine nicht-deutsche Person mit geldpolitischer Erfahrung aus dem geplanten Euroraum gesucht, die einerseits zum „falkenaffinen" Mandat der EZB passte, aber andererseits auch für eher „taubenfreundliche" Mitgliedstaaten akzeptabel erschien. Mit *Wim Duisenberg* schien im Jahr 1997 eine solche Person gefunden. *Duisenberg*, der bereits die Vorgängerinstitution der EZB (das Europäische Währungsinstitut) geleitet hatte war selbst Ökonom, hatte über „Ökonomische Folgen der Abrüstung" promoviert und beschäftigte sich spätestens in seiner Zeit als niederländischer Finanzminister (1973–1977) auch mit Fragen des Finanz- und Währungsrechts. Nach seiner politischen Karriere blieb er dem Finanzbereich treu, wechselte allerdings als Vizepräsident der Rabobank Nederland BV die Seiten, bevor er von 1982–1994 schließlich Präsident der niederländischen Zentralbank wurde. Dass *Wim Duisenberg* die formalen Anforderungen für eine Präsidentschaft der neu errichteten EZB erfüllte – es muss sich nach den Verträgen um eine Person aus dem Kreis der in Währungs- und Bankfragen anerkannten und erfahrenen Persönlichkeiten handeln – wurde von keiner Seite ernsthaft bestritten. Hinzu kam seine Erfahrung aufgrund der Leitung des EWI. Dennoch stammte er aus den vergleichsweise „kleinen" Niederlanden, was insbesondere auf Seiten der französischen Regierung gewisse Begehrlichkeiten weckte. Die Franzosen hatten sich bereits im Hinblick auf den Sitz der EZB nicht gegen Deutschland durchsetzen können und drohten bei deren Errichtung nun gänzlich leer auszugehen. Mit *Jean-Claude Trichet* präsentierte die französische Regierung daher einen eigenen Kandidaten, der nicht minder für diese Position geeignet erschien und trotz seiner Herkunft nicht den Ruf hatte, zu den geldpolitischen Tauben zu gehören. Um einen Eklat zu verhindern, einigte man sich schließlich auf einen politischen Kompromiss – wobei dessen Inhalt allerdings nicht einheitlich wiedergegeben wurde. Nach Ansicht der französischen Regierung (unter Führung von *Jacques Chirac*), erklärte sich *Wim Duisenberg* intern bereit, seinen Platz nach der Hälfte der Amtszeit für *Jean-Claude Trichet* zu räumen. *Duisenberg* hingegen wollte den europäischen Staats- und Regierungschefs lediglich mitgeteilt haben, dass er die volle Amtszeit aus Altersgründen wohl nicht werde durchstehen können, ohne hingegen einen konkreten Rücktrittstermin zu nennen. Auch weil *Chirac* seine Version noch am Tag der Wahl *Duisenbergs* im Mai 1998 gegenüber der Presse verbreitete, setzte sich diese in der Öffentlichkeit durch. Zwangsläufig kam es nach gut drei Jahren im Amt dadurch immer wieder zu Fragen nach dem konkreten Rücktrittsdatum – ein Umstand, der *Duisenberg* bei öffentlichen Auftritten erkennbar nervte. Politisch stand einer Ernennung *Duisenbergs* zum ersten EZB-Präsidenten damit aber nichts mehr im Wege. Er trat das Amt am 1.6.1998 an.

Zu Beginn seiner verkürzten Amtszeit standen zunächst organisatorische Dinge im Vordergrund: Zum einen der Aufbau der internen Struktur der EZB im angemieteten Eurotower. Wie bei jeder neuen Institution ging es darum, Abteilungen zu errichten, Abläufe zu automatisieren und eine gewisse Arbeitsroutine zu entwickeln. Zum anderen musste in der EZB umgehend mit der Organisation der Euro-Bargeld Einführung begonnen werden. Mit der am 1.1.1999 beginnenden dritten Stufe der Währungsunion waren die Wechselkurse der am Euro teilnehmenden Währungen zum Euro zwar bereits verbindlich und endgültig festgeschrieben worden – die nationalen Währungen waren seitdem nur noch unselbständige Untereinheiten der gemeinsamen Währung „Euro". Die Einführung des Euro-Bargeldes bedurfte jedoch erheblicher organisatorischer Anstrengungen – man denke an den Druck der Banknoten, die Umstellung der Geldautomaten etc. – und war daher erst für den 1.1.2002 geplant. Unter dem später als „Mr. Euro" bezeichneten *Duisenberg* dürften diese Aufgaben auch deshalb so gut und praktisch ohne ernsthafte Zwischenfälle geglückt sein, weil in den ersten Jahren seiner Amtszeit keine größeren geldpolitischen Krisen zu bewältigen waren. Der Übergang der geldpolitischen Zuständigkeit von den nationalen Zentralbanken auf die EZB verlief dadurch praktisch geräuschlos und vor allem ohne spürbare Auswirkungen für die Bürgerinnen und Bürger. Erst mit der Euro-Bargeldeinführung im Jahr 2002 entstand unter anderem in Deutschland der Eindruck eines plötzlichen Preisanstiegs – der Begriff „Teuro" machte in Deutschland schnell die Runde und wurde im Jahr 2002 zum Wort des Jahres gewählt. Von den Fakten wurde dieser Eindruck indes nicht belegt: Der Preisanstieg lag in Deutschland im Jahr 2002 bei 1,4 % und 2003 bei 1,1 % und damit deutlich innerhalb des von der EZB damals angepeilten Zielkorridors.[9] Die geldpolitische Glaubwürdigkeit der EZB auf Seiten der Marktteilnehmer wurde von dieser scheinbaren Inflation ohnehin nicht tangiert, war zu diesem Zeitpunkt also bereits gefestigt. Insgesamt folgte auf die Errichtung der EZB eine vergleichsweise krisenfreie Zeit – auch im Hinblick auf die europäische Einigung insgesamt. Der erste wirklich heftige Rückschlag für die europäische Integration kam erst mit der Ablehnung des Verfassungsvertrages in Frankreich und den Niederlanden im Jahr 2005. Die Funktionsfähigkeit des Währungsraums und damit auch der EZB waren von dieser Krise allerdings nicht betroffen. Ob die EZB und der Euro die spätere Eurokrise allerdings auch in diesem frühen Stadium einigermaßen schadlos überstanden hätten, bleibt damit glücklicherweise eine theoretische Frage. *Wim Duisenbergs* Präsidentschaft wird heute praktisch ausnahmslos als großer Erfolg bewertet. Kritisiert wurde er allenfalls für seine anfängliche Kommunikation mit den Finanzmärkten: Nachdem einige etwas unüberlegte Bemerkungen zu einem Kursverlust des Euro führten, wurde er auf Pressekonferenzen immer wortkarger, was ihm in seinem Heimatland den Spitznamen „Willem der Schweiger" eintrug; in der britischen Presse wurde er bisweilen, wenig schmeichelhaft, als „Dim Wim" („einfältiger Wim") betitelt. Zu einer Zeit, in der die Zentralbanken weltweit noch eher als technische Behörde denn als politischer Akteur wahrgenommen wurden und nicht zuletzt die sogenannte „forward guidance" nicht in Mode gekommen war, tat das seiner erfolgreichen Geldpo-

---

[9] Erst seit 2003 strebt die EZB eine Teuerungsrate von unter, aber nahe 2 % an. Siehe dazu auch die Ausführungen im dritten Kapitel.

litik keinen Abbruch. Nur wenige Jahre nach seinem Rücktritt starb *Wim Duisenberg* im Juli 2005.

Jean-Claude Trichet (*1942)

Dem politischen Kompromiss aus dem Jahr 1998 entsprechend bot *Wim Duisenberg* nach der gelungenen Einführung des Euro-Bargeldes sein Ausscheiden aus dem Amt für Mitte 2003 (zu seinem 68. Geburtstag) an. Die Euro-Finanzminister baten ihn jedoch bis zur ordnungsgemäßen Bestellung seines designierten Nachfolgers – des Franzosen *Jean-Claude Trichet* – am 1.11.2003 im Amt zu verbleiben. Mit *Jean-Claude Trichet* übernahm ein weiterer versierter und allseits geschätzter Experte für geldpolitische Fragen die Leitung der EZB. *Trichet* hatte nach einem Studium der Ökonomie und der Politikwissenschaft zwischen 1969 und 1971 auch die politische Kaderschmiede „École Nationale d'Administration" (ENA) besucht und im Anschluss seine politische Karriere im französischen Wirtschafts- und Finanzministerium begonnen. Nach Beratungstätigkeiten für *René Monory* (den damaligen Finanzminister) und den Präsidentschaftskandidaten *Valéry Giscard d'Estaing* wurde er im Jahr 1987 Leiter des Schatzamtes, bevor er schließlich im Jahr 1993 vom damaligen Premierminister *Édouard Balladur* zum Präsidenten der französischen Zentralbank, der Banque de France, ernannt wurde. Es war bereits in dieser Zeit, dass sich *Trichet* seinen Ruf als geldpolitischer Falke erarbeitete. Er ging effektiv gegen eine gestiegene französische Inflationsrate vor, unterstützte Privatisierungen, war ein Anhänger der Idee der Unabhängigkeit der Zentralbank und maßgeblich an der Konstruktion der Europäischen Währungsunion beteiligt. *Trichet* war mit diesem Hintergrund bereits bei seiner ersten Nominierung durch die französische

© World Economic Forum,
CC BY-SA 2.0

Regierung ein Kandidat, mit dem die deutsche Politik und Öffentlichkeit zu jeder Zeit gut leben konnte. Dass *Trichet* die Unabhängigkeit selbst gegenüber seiner eigenen Regierung hoch halten würde, bewies er schließlich im Jahr 2004 als bereits amtierender EZB-Präsident: Sowohl in Deutschland als auch in Frankreich waren die wirtschaftlichen Daten alles andere als positiv – Deutschland galt zu dieser Zeit als „kranker Mann Europas". Die Staatsverschuldung war hoch, und ein „blauer Brief aus Brüssel" konnte letztlich nur durch eine Intervention der deutschen und französischen Regierung abgewendet werden, die zwar im Kern rechtlich nicht zu beanstanden war, politisch aber bis heute hoch umstritten geblieben ist – auch weil sie nach Ansicht zahlreicher

Stimmen dem Stabilitäts- und Wachstumspakt erheblichen (politischen) Schaden zugefügt hat. In einem solchen Umfeld jedenfalls war der politische Wunsch der beiden Regierungen auf geldpolitische Unterstützung durchaus nachvollziehbar. *Trichet* widerstand dem Ansinnen und sah von die staatliche Schuldenaufnahme erleichternden Zinssenkungen ab, da er sie vor dem Hintergrund des Mandats der EZB nicht für vertretbar hielt. Im Jahr 2005 setzte er sogar eine Erhöhung der Zinsen durch, obwohl sich zehn Mitgliedstaaten öffentlich gegen einen solchen Schritt ausgesprochen hatten. Von mangelnder Unabhängigkeit der EZB sollte in den folgenden Jahren (auch in Deutschland) niemand mehr ernsthaft sprechen. Schon im Laufe des Jahres 2006, vollends aber im Jahr 2007 wurde nicht nur *Trichet* jedoch klar, dass die geldpolitischen Herausforderungen der kommenden Monate und vielleicht sogar Jahre woanders liegen würden. Mit dem Ausbruch der Finanzkrise, die ihren Ausgangspunkt zwar im amerikanischen Immobilienmarkt nahm, sich aufgrund der unklaren Risikoportfolios der zahlreichen beteiligten, auch europäischen Finanzinstitute aber zu einer weltweiten Vertrauenskrise entwickelte, begann eine Bewährungsprobe nicht nur für die EZB, sondern für die Zentralbanken weltweit. Während die Auswirkungen dieser ersten Krise durch *Trichet* beherzt, im Kern aber mit klassischen geldpolitischen Instrumenten angegangen wurden,[10] war das – jedenfalls nach Ansicht *Trichets* und seiner EZB-Ratskollegen – bei der folgenden Eurokrise aus den oben genannten Gründen bereits nicht mehr möglich. Die sich abzeichnende Fragmentierung der Zinsniveaus anhand nationaler Grenzen und die damit einhergehende Beeinträchtigung geldpolitischer Impulse verlangten nach neuartigen Interventionen. Die Antwort der

---

[10] Vor allem durch Zinssenkungen und die Zurverfügungstellung von Dollar für die amerikanischen Banken.

EZB unter *Trichet* war das erste Anleiheankaufprogramm, das sogenannte „Securities Market Programme“ (SMP), das vor allem in der deutschen Fachöffentlichkeit auf zum Teil sehr heftige Kritik stieß und zum Rücktritt des damaligen Präsidenten der Deutschen Bundesbank, *Axel Weber*, führte. Rechtliche Bedenken wurden ebenfalls schnell artikuliert, anders als bei den späteren, bereits von *Mario Draghi* verantworteten Anleiheankaufprogrammen kam es hier jedoch nie zu einer gerichtlichen Überprüfung. Es wurde bereits im September 2012 durch das OMT-Programm abgelöst. Die deutliche Kritik an diesem ersten Programm, mit dem die EZB über die jeweiligen nationalen Zentralbanken Staatsanleihen aus Griechenland, Portugal und Irland, später auch aus Italien und Spanien erwarb, bestätigt zugleich die These, dass die Einordnung einer Person als „Falke“ oder „Taube“ der geldpolitischen Komplexität gerade in Krisensituationen nicht gerecht wird. Vielmehr zeigte sich gerade im Verhalten *Trichets* in dieser Zeit – unabhängig davon, ob man das Verhalten selbst als richtig oder falsch ansieht –, dass sich führende Geldpolitiker nur selten in eine unterkomplexe binäre Schublade stecken lassen. Ihre Unabhängigkeit unterstellt, streben sie vielmehr danach, das angesichts der ökonomischen Rahmenbedingungen aus ihrer Sicht geldpolitisch Richtige zu tun – ob sie damit auch wirklich richtig liegen, steht zwangsläufig auf einem anderen Blatt. Aus dem Umstand allein, dass die ergriffenen Maßnahmen politisch umstritten sein mögen, sollte allerdings nicht allzu schnell auf deren Verfehltheit geschlossen werden. Gerade im Hinblick auf die deutsche Kritik ist zu betonen: Die Errichtung der EZB nach dem Vorbild der Deutschen Bundesbank hat nicht automatisch zur Folge, dass diese in jeder Situation so reagiert, wie es die Bundesbank möglicherweise getan hätte.

Mario Draghi (*1947)

Mitten in diesen ökonomischen (und politischen) Turbulenzen endete zum 1.11. 2011 das Mandat *Jean-Claude Trichets.* Selbst wenn eine Verlängerung angesichts der ökonomischen Umstände politisch wünschenswert gewesen wäre – rechtlich war sie ausgeschlossen. Die Unionsverträge sahen und sehen eine solche Möglichkeit zur Sicherung der persönlichen Unabhängigkeit bewusst nicht vor. Nolens volens musste der personelle Übergang also zu diesem kritischen Zeitpunkt realisiert werden. Anders als bei der Ablösung *Wim Duisenbergs* fehlte es jedoch an einem bereits designierten, gewissermaßen „natürlichen" Kandidaten. Die Mitgliedstaaten waren also aufgerufen, sich rechtzeitig auf einen neuen Präsidenten zu einigen, der die Nachfolge *Trichets* glaubwürdig übernehmen und umgehend in das Krisenmanagement würde einsteigen können. Noch vor Beginn der Eurokrise galt lange Zeit der damalige Präsident der Bundesbank, *Axel Weber*, als Favorit für diesen Posten (ohne, dass dies jemals von Seiten der damaligen Bundeskanzlerin *Angela Merkel* offiziell bestätigt worden wäre). Als ausgewiesener „Falke" war *Weber* mit der Rettungspolitik Trichets indes von Beginn an nicht einverstanden, entschied sich daher bereits im April 2011 für den Rücktritt und wechselte im Mai 2012 zur Schweizer Großbank UBS. Als deutscher wäre *Weber* freilich als neuer Präsident der EZB insbesondere in den südlichen Mitgliedstaaten, die von der Krise besonders betroffen waren, politisch wohl kaum mehr vermittelbar gewesen. Die Stimmung war nicht zuletzt in Griechenland sehr emotional und aufgeheizt. Spätestens mit diesem Rücktritt musste daher die Suche nach einem neuen Kandidaten beginnen. Gefunden wurde schließlich der Italiener *Mario Draghi*, der bereits seit 2006 als Präsident der italienischen Zentralbank (Banca d'Italia) Mitglied des EZB-Rates war und damit das

© European Union 2018 –
European Central Bank

Vorgehen der EZB in der Finanz- und Eurokrise als Beteiligter unmittelbar mitgestaltet hatte. Anders als *Weber* war *Draghi* allerdings auch von der Richtigkeit dieses Vorgehens überzeugt. Größere Brüche in der Krisenpolitik der EZB waren mithin wohl nicht zu befürchten.[11] Angesichts seines bisherigen Werdegangs galt *Draghi* andererseits keineswegs als „typisch südländischer Vertreter" im Hinblick auf seine geldpolitische Philosophie. Er stand *Trichet* mithin auch im Übrigen durchaus nahe, wenngleich er bei der Interpretation des Mandats eine größere Flexibilität an den Tag legen konnte, nicht zuletzt weil er an der institutionellen Errichtung der EZB nicht beteiligt gewesen war und ihm ein Ab-

[11] In Einzelnen zeigten sich aber durchaus Unterschiede.

weichen eingetretener Pfade daher leichter fiel.[12] An der geldpolitischen Kompetenz bestand im Falle *Draghis* – wie auch bei den vorherigen Präsidenten – ohnehin kein Zweifel; sie war ihm nachgerade in die Wiege gelegt: Bereits sein Vater war als Beamter bei der italienischen Zentralbank tätig gewesen. Nach einem Studium der Wirtschaftswissenschaften in Rom fertigte er seine Promotion in den USA am renommierten Massachusetts Institute of Technology (MIT) an und war damit der erste Italiener überhaupt, der an dieser Institution promoviert wurde. In dieser Zeit lernte *Draghi* auch andere bekannte Wirtschaftswissenschaftler kennen, nicht zuletzt den Geld- und Währungstheoretiker *Stanley Fischer*. *Draghi* war im Anschluss für einige Zeit Dozent an verschiedenen italienischen Universitäten, bevor er im Jahr 1981 auf eine Professur für Wirtschaftswissenschaften und Währungspolitik wechselte. Von 1984 bis 1990 war er zudem italienischer Exekutivdirektor der Weltbank. *Draghi* arbeitete im Anschluss an seiner finanzpolitischen Karriere, legte die Professur nieder und wechselte in das italienische Finanzministerium. Der Versuch der italienischen Regierung ihn als neuen Generaldirektor des IWF zu installieren scheiterte jedoch nicht zuletzt daran, dass mit *Romano Prodi* bereits ein Italiener das Amt des Kommissionspräsidenten übernommen hatte. Während seiner Zeit im Finanzministerium war *Draghi* (dem damaligen Zeitgeist entsprechend) an zahlreichen, bisweilen erheblichen Privatisierungsprojekten beteiligt, wodurch er sich auch über Italien hinaus einen Namen machte. Da seine politische Karriere aber zu stagnieren schien, wechselte *Draghi* im Jahr 2002 in die Privatwirtschaft und wurde Managing Director und Vizepräsident

---

[12] Vgl. zu einem umfassenden Vergleich der beiden Präsidenten *J. Basham/A. Roland*, Policy-making of the European Central Bank during the crisis: Do personalities matter?, Institute for International Political Economy, Working Paper No. 38/2014.

der Investment Bank Goldman Sachs International in London. Es ist vor allem diese Zeit, die *Draghi* heute bisweilen vorgeworfen wird und Zweifel an seiner Unabhängigkeit von den Interessen der Finanzwirtschaft aufkommen lassen. Die Zeit bei Goldman Sachs währte freilich nur kurz. Schon im Jahr 2006 übernahm er das Amt des Präsidenten der Banca d'Italia nachdem sein Vorgänger *Antonio Franzi* Ende 2005 unter anderem wegen des Verdachts des Amtsmissbrauchs zurückgetreten war. *Draghi* wurde nicht nur von der Regierung, sondern auch von der Opposition zugetraut, das ramponierte Image der italienischen Zentralbank wieder herzustellen. Er zeigte sich von Beginn an als neoliberaler Reformer, plädierte für eine Verringerung der Staatsverschuldung, den Abbau von Bürokratie, Steuersenkungen usw. Auch das eigene Filialnetz der Zentralbank wurde von *Draghi* erheblich reduziert. Die italienische Regierung präsentierte *Draghi* angesichts seiner Expertise und nicht zu bezweifelnden Unabhängigkeit von politischer Seite bereits im Laufe des Jahres 2009 als ihren Kandidaten für die Nachfolge *Trichets*. Nach dem Rücktritt *Webers* und der schließlichen Ankündigung Deutschlands keinen neuen Kandidaten zu präsentieren, konnten sich die Staats- und Regierungschefs schließlich auf *Draghi* als ihren Kandidaten einigen. Erneut wurden gewisse „Proporzprobleme“ allerdings erst in letzter Sekunde geklärt: Mit *Bini Smaghi* saß bereits ein Italiener im Direktorium der EZB, dessen reguläre Amtszeit erst 2013 geendet hätte. Vor allem Frankreich war zu einer Ernennung *Draghis* daher erst bereit, nachdem *Smaghi* zugestimmt hatte, das Direktorium zum Ende des Jahres 2011 zu verlassen. Sein Nachfolger wurde mit *Benoit Coeuré* ein Franzose.

Die Amtszeit *Draghis* war umfassend durch die Eurokrise bestimmt. *Draghi* war, wie erwähnt, der Krisenpräsident. Zwar übernahm *Draghi* im Kern die bisherige Strategie *Trichets* und setzte mit dem umstrittenen OMT-Programm auf neuere, eher unkonventionelle und expansive geldpolitische Maßnahmen. Hinzu kam die fortgesetzte kontinuierliche Senkung der Leitzinsen auf 0 %. In seinem Vorgehen zeigte sich aber eine im Vergleich zu *Trichet* weniger zurückhaltende Interpretation des Mandats. Sichtbar wurde das nicht nur in seinem dominanteren (forscheren) Auftreten bei Pressekonferenzen[13] und bei der Ausgestaltung der konkreten Bedingungen für die längerfristigen Refinanzierungsgeschäfte, sondern auch in den umfassenden Wertpapierankaufprogrammen, mit denen die EZB unter seiner Leitung sowohl private als auch öffentliche Anleihen in erheblichem Umfang erwarb, nachdem sich erste Deflationsrisiken zeigten.[14] Vor allem für diese Programme wurde *Draghi* in Deutschland heftig und bisweilen sehr emotional kritisiert. Auch das Bundesverfassungsgericht hatte erhebliche rechtliche Bedenken, die aber – wie dargelegt – vom EuGH sämtlich zurückgewiesen wurden. An der ökonomischen Umstrittenheit der Programme ändert dieser Befund jedoch wenig. Größere Inflations- oder Deflationsphasen innerhalb der Eurozone sind allerdings auch während der weiterhin schwelenden Eurokrise bisher ausgeblieben. Es zeigt sich freilich, dass der EZB unter *Draghi* der Ausstieg aus dieser eher unkonventionellen Form der expansiven Geldpolitik weiterhin schwer fällt – noch im Juni 2019 verkündete die EZB, dass die Nullzinspolitik noch bis mindestens Anfang 2020 weitergehen wird, während etwa die amerikanische Fed die Wende bereits vor längerer Zeit eingeleitet hat. Der langsame Ausstieg aus dieser expansiven Geldpolitik wird damit, das ist bereits heute absehbar, eine der zentralen Aufgaben

---

[13] Ob es eine „Whatever it takes"-Rede unter *Trichet* gegeben hätte, erscheint daher eher zweifelhaft.

[14] Vgl. auch *J. Basham/A. Roland*, Policy-making of the European Central Bank during the crisis: Do personalities matter?, Institute for International Political Economy, Working Paper No. 38/2014, S. 8 ff.

für den neuen Präsidenten sein – wie auch immer er oder sie heißen mag – und die vierte Amtszeit prägen (sofern es zu keiner neuerlichen Wirtschafts- oder Finanzkrise kommen sollte). Ziel wird es sein müssen, die geldpolitischen Zügel in einer Form anzuziehen, die größere wirtschaftliche Erschütterungen möglichst vermeidet. Eine vorgegebene Strategie lässt sich dafür nicht angeben. Das konkrete Vorgehen steht also wiederum im Ermessen der EZB, das auch normativ kaum begrenzt wird. In zeitlicher Hinsicht besteht angesichts der weiterhin relativ niedrigen Inflationsrate allerdings auch kein Grund diesen Ausstieg umgehend und in radikaler Form durchzuführen – zumal der wirtschaftspolitische Teil des EZB-Mandats auch für eine Verlängerung der Anleiheankäufe und der expansiven Geldpolitik vorgebracht werden könnte.

V. Herausforderungen für die Währungsunion und die EZB

„Scheitert der Euro, scheitert Europa.“
Angela Merkel

Die Europäische Währungsunion und damit auch die EZB feierten im Jahr 2019 ihr 20-jähriges Bestehen. Allen Unkenrufen zum Trotz, die zahlreich schon vor Eintritt in die dritte Stufe der Währungsunion im Jahr 1999 geäußert worden waren, hat sich der Euro als Währung gehalten und auch die Eurokrise bisher halbwegs unbeschadet überstanden – er ist weiterhin eine der weltweiten Leitwährungen. Bei der Gewährleistung der Preisstabilität – dem Kern ihres Mandats – war die EZB in diesen zwanzig Jahren sogar während der Krisenjahre erstaunlich erfolgreich. Betrachtet man die durchschnittliche Inflationsrate der Eurozone in den letzten zwanzig Jahren, hat sich die EZB gar als stabilitätsorientierter erwiesen, als es die Deutsche Bundesbank jemals war. Auch wenn man der oben wiedergegebenen Aussage *Angela Merkels* im Ergebnis nicht wird zustimmen können, einerseits, weil sie die EU beziehungsweise die Eurozone mit Europa gleichsetzt[1] und eine EU ohne gemein-

[1] Die EU umfasst (vor Vollzug eines möglichen Brexit) lediglich 28 Mitgliedstaaten, die Eurozone aktuell gerade einmal 19. Europa ist hin-

same Währung andererseits selbstverständlich möglich ist, bringt sie doch berechtigterweise eine fortbestehende Sorge um die Zukunft des Euro zum Ausdruck. Bei näherer Betrachtung zeigt sich aber: Diese Sorge betrifft weniger die Organisation der EZB als vornehmlich die Ausgestaltung der gesamten Europäischen Währungsunion, bei der nach überwiegender Ansicht die Notwendigkeit komplementärer wirtschaftspolitischer Kompetenzen der europäischen Ebene nicht hinreichend berücksichtigt worden ist (1). Für die EZB liegt eine zentrale Herausforderung hingegen in der Entwicklung einer überzeugenden Handlungsformen- beziehungsweise Handlungsbegrenzungslehre (2).

1. Zur Zukunft der Währungsunion

Die Unionsverträge haben mit der normativ vorgesehenen Euroeinführung in allen Mitgliedstaaten der EU eine vergleichsweise eindeutige Vorstellung von der Zukunft der Europäischen Währungsunion. Unbefristete Ausnahmen bestehen lediglich für das Vereinigte Königreich und Dänemark, wobei sich erstere mit dem Brexit (sofern dieser tatsächlich kommen sollte) gewissermaßen von selbst erledigt. Für die anderen Mitgliedstaaten (einschließlich Schweden) ist die Einführung des Euro normative Verpflichtung und nicht allein politische Wunschvorstellung. Ihr Status als „Mitgliedstaat mit Ausnahmeregelung" ist lediglich temporär, wenngleich die Verträge keine konkreten Daten enthalten, bis zu denen der Beitritt zur Eurozone vollzogen sein

---

gegen sehr viel größer – allein der Europarat hat gegenwärtig 47 Mitgliedstaaten. Der Respekt gegenüber europäischen Nicht-EU-Staaten (u.a. Schweiz, Norwegen, Türkei) gebietet daher auch diese sprachliche Präzision: EU und Europa sind keine Synonyme.

muss. Richtete man seinen Blick nur auf diese bestehenden juristischen Rahmenbedingungen, müsste die Zukunftsdebatte für die Eurozone mithin vor allem eine „Beitrittsdebatte“ sein. Tatsächlich ist das jedoch offenkundig nicht der Fall. Die Diskussion über die zukünftige Entwicklung der Währungsunion ist aufgrund der Geschehnisse seit 2010, die gemeinhin unter dem Begriff der „Eurokrise“ zusammengefasst werden, vielmehr zu einer Grundsatzdebatte über notwendige und grundlegende Reformen der Währungsunion mutiert, bei der mögliche Beitritte allenfalls am Rande (wenn überhaupt) thematisiert werden. Vor dem Hintergrund der Erfahrungen der letzten Jahre hat sich dabei die (keineswegs neue) Erkenntnis durchgesetzt, dass die bisherige Struktur der bestehenden Eurozone einige prinzipielle Konstruktionsfehler aufweist, deren Nichtbehebung in der nahen Zukunft die Existenz der Eurozone insgesamt in Frage stellen könnte. Es steht damit sehr viel mehr auf dem Spiel, als die bloße Nichterfüllung des normativen Beitrittsauftrags. Zwar sind die größten Turbulenzen durch die (umstrittenen) finanziellen Hilfspakete für die am stärksten betroffenen Mitgliedstaaten, einige punktuelle Ergänzungen des normativen Rahmens und vor allem durch das beherzte Eingreifen der EZB vorerst überstanden worden. Durch diese Maßnahmen konnte aber zunächst vor allem Zeit gekauft werden – Zeit, die benötigt wird, um größere Reformen anzugehen, die dafür Sorge tragen, dass der Euro auch noch in zehn oder zwanzig Jahren das gesetzliche Zahlungsmittel der EU bzw. der Eurozone sein kann. Auf die Ursachen der Eurokrise im Einzelnen und notwendige Reformschritte kann an dieser Stelle nicht eingegangen werden – dazu bedürfte es gewiss einer eigenen Abhandlung, zumal die Details (wie so häufig) umstritten sind. In der grundlegenden Diagnose herrscht allerdings weitestgehend Einigkeit: Das Problem der heutigen Ausgestaltung der Währungsunion liegt danach vornehmlich in der ökonomischen Inhomogenität der Eurozone, die eine einheitliche Geldpolitik durch die EZB erheblich erschwert und bisweilen sogar unmöglich macht. Vereinfacht gesagt: Das Geld verteilt sich in einem inhomogenen Gebiet ebenfalls nicht gleichmäßig, wodurch sich auch die einheitliche Geldpolitik der EZB in den einzelnen Mitgliedstaaten sehr uneinheitlich auswirkt. Tatsächlich war schon zum Zeitpunkt der Gründung der Währungsunion praktisch allen Beteiligten klar, dass die Eurozone die Kriterien eines „optimalen Währungsraumes" – namentlich Preis- und Lohnflexibilität und Faktormobilität, Diversifikation der Produktion, große Offenheit der Volkswirtschaften sowie insgesamt homogene Präferenzen im Hinblick auf die Reaktion auf wirtschaftliche Schocks – offensichtlich nicht erfüllt. Vielmehr kombinierte sie in dieser Hinsicht nicht nur überaus unterschiedliche wirtschaftspolitische Philosophien, sondern auch in ihrer Entwicklung stark divergierende Wirtschaftsräume, die heute bisweilen mit dem Gegensatzpaar „Nordländer/Südländer" paraphrasiert werden und die sich auch in den folgenden Jahren kaum angleichen sollten. Das lag vor allem daran, dass bei der Errichtung der Währungsunion bewusst darauf verzichtet wurde, auch eine einheitliche oder zumindest eine koordinierte europäische Fiskal- und Wirtschaftspolitik zu etablieren. Stattdessen blieben diese für die Funktionsfähigkeit eines Währungsraumes so bedeutenden Komplementärkompetenzen mehr oder weniger umfassend bei den einzelnen Mitgliedstaaten – und daran hat sich bis heute nichts Grundlegendes geändert. Zwar finden sich zahlreiche und zuletzt wieder verschärfte europäische Regelungen zur Begrenzung der Staatsverschuldung. Deren Steuerungswirkung ist freilich begrenzt, auch weil Deutschland in den Jahren 2003/2004 politisch erreichte, dass ein geplantes Defizitverfahren gegen sich ausgesetzt wurde. Auch wenn insofern mittlerweile die schlimmsten Auswüchse der Eurokrise durch finanzielle Hilfspakete der Mitgliedstaaten und wirtschaftliche Reformen in den betroffenen Mitgliedstaaten vorerst überwunden scheinen, ändert dies nichts an diesen grundlegenden wirtschaftspolitischen Konstruktionsdefiziten der Eurozone. Die Mitgliedstaaten der Eurozone erweisen sich weiterhin als außerordentlich inhomogen in wirtschaftlicher Hinsicht, so dass eine erneute Eskalation mittelfristig wieder denkbar erscheint. Die von den Mitgliedstaaten und vor allem der EZB ergriffenen Maßnahmen haben insofern tatsächlich erst einmal nur Zeit gekauft, die nunmehr genutzt werden muss, um die erkannten Defizite durch eine Stärkung der wirtschaftspolitischen Zuständigkeiten[2] der europäischen Ebene schnell zu beheben.[3] Andernfalls droht die Währungsunion bei der nächsten Krise ihre Legitimität bei den Bürgerinnen und Bürgern vollends einzubüßen. Der französische Präsident *Emmanuel Macron* hat bereits verschiedene Vorschläge unterbreitet, die von der deutschen Regierung bisher – auch aufgrund einer gänzlich anderen wirtschaftspolitischen Philosophie – allenfalls halbherzig beantwortet geschweige denn gemeinsam umgesetzt worden sind.[4] Allzu viel Zeit dürfte für die notwendigen Re-

---

[2] Für den umgekehrten Weg, nämlich die Rückübertragung der währungspolitischen Kompetenzen auf die Mitgliedstaaten, plädiert aus demokratietheoretischer Perspektive hingegen *D. Jörke*, Die Größe der Demokratie, 2019, S. 206 ff.

[3] Allerdings besteht zumindest bei der Auslegung der geltenden Fiskalregeln durchaus ein gewisser Spielraum, der umgehend genutzt werden könnte, vgl. *D. Seikel/A. Truger*, Die blockierte Vollendung der Europäischen Währungsunion: Plädoyer für eine pragmatische Nutzung von fiskalischen Handlungsspielräumen, Wirtschaft und Gesellschaft 2019, S. 43 ff.

[4] Diese Vorschläge sehen dabei vor allem eine stärkere wirtschaftspolitische Koordinierung der Mitgliedstaaten vor. Das konkrete Mandat der EZB bleibt hingegen unangetastet. In der Wirtschaftswissenschaft wird allerdings heute sehr viel offener darüber diskutiert, ob die

formen allerdings nicht mehr verbleiben, wenn man das Risiko einer erneuten akuten Krise nicht eingehen will.

2. Eine Handlungsformenlehre für die EZB

Wie dargelegt, wird man zum 20. Jubiläum der Errichtung der EZB insgesamt ein vorsichtig positives Fazit über ihre Tätigkeit ziehen können. Die Preisstabilität scheint gewahrt und auch während der Eurokrise hat die EZB – bei aller berechtigten Kritik – als eine der wenigen europäischen Institutionen ihre Handlungsfähigkeit unter Beweis gestellt. Für die beschriebenen Konstruktionsdefizite der Europäischen Währungsunion kann man jedenfalls kaum die EZB verantwortlich machen. In einem wirtschaftlich völlig inhomogenen Umfeld wird vielmehr auch die beste Zentralbank allenfalls temporär bestehen können.

In der Eurokrise hat sich indes gezeigt, dass die Tätigkeit einer Zentralbank nicht nur ökonomisch umstritten, sondern auch aus rechtlicher Perspektive schwer zu fassen ist. Dabei ist eine effektive rechtliche Einhegung der EZB nicht nur aus demokratietheoretischer Sicht notwendig, sondern vor allem zur Sicherung der erforderlichen Legitimität bei den Unionsbürgerinnen und Unionsbürgern. Wenn der Eindruck entsteht, dass eine Institution wie die Zentralbank gewissermaßen außerhalb des Rechts steht, wäre das für die Akzeptanz der von ihr ergriffenen Maßnahmen mehr als problematisch. Die Verfahren vor dem Bundesverfassungsgericht und dem EuGH hatten insofern gewiss auch ihr Gutes, indem sie verdeutlicht haben, dass auch die EZB allein innerhalb eines vorgefassten rechtlichen Rahmens zu han-

---

Gewährleistung von Preisstabilität bei Zentralbanken generell weiterhin so sehr im Fokus stehen sollte.

deln befugt ist, der geldpolitische Zweck mithin nicht jedes Mittel heiligt. Wie dieser Rahmen aber im Einzelnen abzustecken ist, wie also eine normative Begrenzung aussieht, die effektive Geldpolitik weiterhin ermöglicht, bleibt schon im methodischen Ansatz größtenteils ungeklärt. Die Rechtswissenschaft tut sich mit der Formulierung solcher normativen Grenzen vor allem wegen der in dieser Einführung mehrfach beschriebenen besonderen Funktionsweise von Zentralbanken im Allgemeinen und der EZB im Besonderen schwer. Die EZB handelt bei der Wahrnehmung ihrer Aufgaben (anders als andere klassische Behörden) selten hoheitlich indem sie in Grund- und andere subjektive Rechte unmittelbar eingreift. Vielmehr tritt sie auf der Ebene der Gleichordnung mit den Marktteilnehmern in einen geschäftlichen Kontakt. Die klassischen rechtlichen Begrenzungselemente sind aber ganz auf hoheitliches Handeln ausgerichtet, indem sie Grenzen für die Eingriffe in subjektive Rechte formulieren. So verlangt der gerade im deutschen Recht prominente Grundsatz der Verhältnismäßigkeit, dass die ergriffene Maßnahme in geeigneter, erforderlicher und angemessener Form in das betroffene Recht eingreift und damit nicht über das hinaus geht, was zur Erreichung des jeweiligen Ziels zwingend notwendig erscheint. Die Geschäfte mit der EZB gehen die Marktteilnehmer und Geschäftsbanken aber freiwillig ein, nicht zuletzt weil sie darin auch die Möglichkeit sehen, ihre Gewinne zu steigern. Von einem Eingriff in subjektive Rechte dieser Akteure kann beim Handeln der Zentralbank mithin keine Rede sein. Sowohl der EuGH als auch das Bundesverfassungsgericht haben bei der gerichtlichen Kontrolle der Anleiheankaufprogramme der EZB mangels bestehender Alternativen dennoch versucht, den Verhältnismäßigkeitsgrundsatz auf diese besondere Situation zu übertragen. Statt auf den Eingriff in ein subjektives Recht wollen sie dabei auf die Auswirkungen der Maßnahmen auf die wirtschaftspolitischen Zuständigkeiten der Mitgliedstaaten abstellen. Diese Auswirkungen dürften mithin nicht über das hinausgehen, was zur Erreichung des geldpolitischen Ziels zwingend notwendig sei. Nur wie sollte gerade ein Gericht ohne geldpolitische Expertise diese Frage beantworten können, zumal zwischen Geld- und Wirtschaftspolitik generell vielfältige Überschneidungen bestehen? Gerade klassische geldpolitische Maßnahmen wie Leitzinssenkungen haben hier erhebliche Auswirkungen – sollten diese nun also auch an diesem Grundsatz gemessen werden? Zu berücksichtigen wären von gerichtlicher Seite auch die Auswirkungen eines Verzichts oder einer Modifikation der von der EZB vorgesehenen Maßnahme. Und erneut stellt sich die Frage: Wie sollte ein Gericht diese Erwägungen anstellen können? Insgesamt spricht daher viel dafür, einen anderen Kontrollansatz zu entwickeln, der einerseits für sämtliche Maßnahmen der EZB angewandt werden kann und andererseits die kontrollierenden Gerichte funktionell nicht überfordert. Nahe liegt es dabei auf ein Kontrollraster zu rekurrieren, das weniger auf materielle, als vielmehr auf formale Verfahrens- und Begründungsanforderungen abstellt. Die EZB wäre also aufgefordert, die von ihr ergriffenen Maßnahmen in einem sehr viel größeren Umfang als bisher zu begründen und die von ihr erhofften Wirkungen im Einzelnen in der Öffentlichkeit darzulegen. Sofern sich diese Begründung dann als vertretbar erweist – das ließe sich durch ein Gericht durchaus (etwa mit Hilfe von Sachverständigen) ermitteln –, wäre die Maßnahme dann auch als zulässig anzusehen (sofern nicht andere ausdrückliche rechtliche Grenzen wie etwa Art. 123 AEUV überschritten werden). Nicht gestattet wäre es dem Gericht hingegen, eine solchermaßen vertretbare Ansicht durch eine andere, möglicherweise ebenso vertretbare zu ersetzen. Die Auswahl zwischen vertretbaren Ansichten muss mithin bei der EZB verbleiben. Die Vertretbarkeitsmaßstäbe könnten

Ziel / Art der Handlung	Geldpolitik		Wirtschaftspolitik
	Im engeren Sinne	Im weiteren Sinne	
konventionell	1	3	5
unkonventionell	2	4	6
informell	1	3	3

Ein mögliches Kontrollraster für Handlungen der EZB, das nach Art und Ziel der Maßnahme unterschiedliche Begründungsanforderungen zwischen 1 und 6 vorsieht.

in ihrer Strenge zwischen verschiedenen Stufen variieren, je nachdem, ob es sich um eine geldpolitische Maßnahme im engeren oder weiteren Sinne handelt und ob das Ziel in der Gewährleistung der Preisstabilität oder der Unterstützung der Wirtschaftspolitik liegt. Zur Entwicklung eines solchen Kontrollrasters ist allerdings nicht allein die EZB, sondern vor allem die Rechtswissenschaft aufgerufen. Sollte es einmal etabliert sein, könnte es zu einem größeren Vertrauen in die EZB und damit auch in die Währungsunion insgesamt beitragen.

VI. Weiterführende Literaturhinweise

Die Literatur zur EZB und zu anderen Zentralbanken ist ebenso umfangreich wie in den überwiegenden Fällen eher schwer zugänglich. Es handelt sich meist um (ökonomische) Fachliteratur, die sich nur bedingt dazu eignet, um einen ersten Eindruck von der geldpolitischen Tätigkeit zu bekommen. Einen umfassenden Überblick über weiterführende Literatur zu präsentieren, wäre vor diesem Hintergrund wenig sinnvoll. Stattdessen sollen an dieser Stelle nur einige wenige Beiträge angeführt werden, welche die durch diese Einführung gewonnenen Erkenntnisse in einzelnen Bereichen vertiefen. Diesen Beiträgen lässt sich dann in der Regel auch entnehmen, wo spezifische Aspekte zusätzlich studiert werden können.

1. *Harold James*, Making the European Monetary Union, 2012

Harold James, ein britischer Historiker, der an der Princeton Universität in den USA lehrt, untersucht in diesem nur in englischer Sprache erhältlichen Werk umfassend die Entstehungsgeschichte der Europäischen Währungsunion aus der Perspektive des „Committee of Governors", dem Vorgänger der EZB. Die Darstellung endet damit zwar formal im Jahr 1993, *James* geht in aller Kürze aber auch auf die weitere Entwicklung bis zur Eurokrise ein. Spannend ist das Werk vor allem deshalb, weil *James* auf zahlreiche Dokumente zurückgreifen konnte, die zuvor nicht veröffentlicht waren. Den Hintergrund bildet der Umstand, dass es sich sozusagen um eine „Auftragsarbeit“ handelt: *James* wurde im Jahr 2008 von der EZB und der Bank für Internationalen Zahlungsausgleich gebeten, eine solche historische Abhandlung zu schreiben und erhielt dafür umfassenden Zugang zu den dort befindlichen Dokumenten. *James* hat hier aber erkennbar als unabhängiger Historiker gearbeitet. Es handelt sich also mitnichten um eine „Kulanzhistorie“, als vielmehr um eine spannend zu lesende, auch kritische Abhandlung über die politischen und ökonomischen Hintergründe der Währungsunion.

2. *Neil Irwin*, Die Alchemisten.
Die geheime Welt der Zentralbanker, 2013

Bei diesem Werk des ökonomischen Chef-Korrespondenten der New York Times (auf das auch im Rahmen dieser Einführung immer wieder verwiesen wurde) handelt es sich gewissermaßen um eine verständlich geschriebene Zentralbankgeschichte von der Mitte des 17. Jahrhunderts bis in die heutige Zeit. Das Besondere dabei ist die gewählte Perspektive: Anstatt die Geschehnisse schlicht und chronologisch abzuhandeln, stellt *Irwin* die jeweils handelnden Personen in den Vordergrund, die von ihm als „Alchemisten“ bezeichnet werden. Ihm gelingt es dadurch, diese auf den ersten Blick etwas trocken erscheinende Materie nicht nur sehr anschaulich, sondern nachgerade spannend darzustellen. Der Schwerpunkt des Werks liegt in der Analyse der ab 2005 einsetzenden Finanzkrise. Zentrale Akteure sind bei *Irwin* insofern vor allem *Jean-Claude Trichet* (EZB), *Ben Bernanke* (Fed) sowie *Mervyn King* (Bank of England).

3. *Ben S. Bernanke*, The Courage to Act, 2015

Einen spannenden Rückblick auf die ab 2007 einsetzende Finanzkrise aus der Perspektive des damaligen Präsidenten der amerikanischen Zentralbank bietet *Bernanke*, der nur kurz vor Ausbruch der Finanzkrise im Jahr 2006 das Präsidentenamt von *Alan Greenspan* übernommen hatte. Er schildert anschaulich die bisweilen dramatischen Entscheidungsprozesse und insbesondere die konkreten Reaktionen der amerikanischen Zentralbank sowie ihr Zusammenwirken mit anderen (politischen) Institutionen. Im Zentrum des Buches stehen dementsprechend die Jahre der Amtszeit *Bernankes* von 2006–2014. Allerdings blickt *Bernanke* nicht nur zu Beginn des Buches immer wieder auch auf die eigene Jugend und seinen akademischen Werdegang zurück.

4. *Egon Görgens/Karlheinz Ruckriegel/Franz Seitz*, Europäische Geldpolitik, 6. Auflage 2013

Dieses Lehrbuch zu Theorie, Empirie und Praxis der Geldpolitik der EZB stammt aus der Feder dreier Professoren. Es richtet sich vornehmlich an Studierende der Volkswirtschaftslehre, die sich mit dieser Materie eingehender befassen wollen, ist aber auch für interessierte Laien geeignet, die sich zu ausgewählten Fragen etwas umfassender informieren wollen. Gewisse ökonomische Grundkenntnisse sind von Vorteil, das Werk versucht aber, die Zusammenhänge möglichst verständlich und ohne allzu viele mathematische Formeln anschaulich zu präsentieren. Es enthält daher nicht nur eine knappe (ökonomische) Geschichte der Währungsunion, sondern auch zahlreiche Tabellen, Graphiken und weiterführende Erläuterungen, die den Zugang zu der zweifellos komplexen Materie erleichtern.

5. *Hans-Joachim Jarchow*, Grundriss der Geldpolitik, 9. Auflage 2010

Dieses einführende Lehrbuch zur Geldpolitik von Hans-Joachim Jarchow – Professor für Volkswirtschaft – bietet einen Überblick über institutionelle und konzeptionelle Aspekte der Geldpolitik. Es beleuchtet sodann die deutsche Geldpolitik, den Geldmarkt der Eurozone und schließlich die EZB und ist besonders für einen Einstieg geeignet.

6. *EZB* (Hrsg.), Die Geldpolitik der EZB, 3. Auflage 2011

Dieses Werk stellt die offizielle Erläuterung der Geldpolitik durch die EZB selbst dar. Es kann bei der EZB bestellt oder online heruntergeladen werden. Neben der Struktur der Währungsunion werden die Einzelheiten der geldpolitischen Strategie erklärt und ein Überblick über die Durchführung der Geldpolitik gegeben. Untermalt werden die Ausführungen mit zahlreichen Tabellen und erläuternden Kästen. Die Darstellungen richten sich an den interessierten Laien, können daher prinzipiell ohne größere (ökonomische oder juristische) Kenntnisse nachvollzogen werden.

7. *Alexander Thiele*, Das Mandat der EZB und die Krise des Euro, 2013

Bei dieser knappen Monographie handelt es sich vornehmlich um eine Untersuchung der von der EZB im Zusammenhang mit der Eurokrise ergriffenen Maßnahmen aus juristischer Perspektive. Dass der Autor hier insgesamt sehr viel weniger Probleme sieht als einige andere insbesondere deutsche Kritiker der EZB-Politik, dürfte bereits bei der Lektüre der vorliegenden Einführung deutlich geworden sein. Die hier nur angerissene Argumentation wird in diesem Bändchen ausführlich dargelegt. Es richtet sich zwar vornehmlich an ein rechtswissenschaftliches Publikum, will aber auch einen Überblick über die allgemeinen rechtlichen Probleme und die unterschiedlichen Ansichten verschaffen. Es geht nicht zuletzt auf die generelle Funktionsweise einer Zentralbank ein und zeigt knapp die ökonomischen Hintergründe der Eurokrise auf.

Literaturverzeichnis

Assenmacher, Katrin/Krogstrup, Signe: Monetary Policy with Negative Interest Rates. Decoupling Cash from Electronic Money, IMF Working Paper 18/191, 2018.

Badinger, Harald/Nitsch, Volker: What do Central Bankers do? Evidence from the European Central Bank's Executive Board, 2019.

Basham, James/Roland, Aanor: Policy-making of the European Central Bank during the crisis: Do personalities matter?, Institute for International Political Economy Berlin, Working Paper No. 38/2014.

Bernanke, Ben S.: The Courage to Act. A Memoir of a Crisis and Its Aftermath, 2015.

Brennan, Jason: Gegen Demokratie: Warum wir die Politik nicht den Unvernünftigen überlassen dürfen, 2017.

Cooper, George: The Origin of Financial Crises. Central Banks, Credit Bubbles, and the Efficient Market Fallacy, 2008.

Epstein, Holger: Bewußtseins- und Organisationsentwicklung, 2008.

EZB (Hrsg.): Die Geldpolitik der EZB, 3. Auflage 2011.

Friedman, Milton: Should There Be an Independent Monetary Authority?, in: Yeager, Leland B. (Hrsg.), In Search of a Monetary Constitution, 1962, S. 219 ff.

Görgens, Egon/Ruckriegel, Karlheinz/Seitz, Franz: Europäische Geldpolitik. Theorie, Empirie und Praxis, 6. Auflage 2013.

Grabowski, Tjadina: Die EZB als Aufsichtsbehörde. Stellung und Funktion der EZB im ESFS und SSM, 2016.

Irwin, Neil: Die Alchemisten. Die geheime Welt der Zentralbanker, 2013.

Issing, Otmar: A New Paradigm for Monetary Policy?, CFS Working Paper No. 2013/02, 2013.

James, Harold: Making the European Monetary Union, 2012.

Jörke, Dirk: Die Größe der Demokratie. Über die räumliche Dimension von Herrschaft und Partizipation, 2019.

Häde, Ulrich: Art. 130 AEUV. Unabhängigkeit der EZB, in: Calliess, Christian/Ruffert, Matthias (Hrsg.), EUV/AEUV. Das Verfassungsrecht der Europäischen Union mit Europäischer Grundrechtecharta. Kommentar, 5. Auflage 2016, S. 1639 ff.

Hahn, Hugo J./Häde, Ulrich: Währungsrecht, 2. Auflage 2010.

Hayo, Bernd/Hefeker, Carsten: Reconsidering central bank independence, European Journal of Political Economy 18 (2002), 653 ff.

Hellwig, Martin: Target-Falle oder Empörungsfalle? Zur deutschen Diskussion um die Europäische Währungsunion, Discussion Papers of the Max Planck Institute for Research on Collective Goods, 2019/5.

Herrmann, Christoph: Die Bewältigung der Euro-Staatsschulden-Krise an den Grenzen des deutschen und europäischen Währungsverfassungsrechts, EuZW 2012, 805 ff.

–: Währungshoheit, Währungsverfassung und subjektive Rechte, 2010.

Herrmann, Christoph/Thiele, Alexander: Internationales und Europäisches Finanz- und Währungsrecht, 2019 (i.E.).

Heun, Werner: Eine verfassungswidrige Verfassungsgerichtsentscheidung, JZ 2014, 331 ff.

Höreth, Marcus: Die Europäische Union im Legitimationstrilemma. Zur Rechtfertigung des Regierens jenseits der Staatlichkeit, 1999.

Huber, Joseph: Monetäre Modernisierung. Vom Giralgeld zum Vollgeld, in: Kraemer, Klaus/Nessel, Sebastian (Hrsg.), Geld und Krise. Die sozialen Grundlagen moderner Geldordnungen, 2015, S. 291 ff.

Jarchow, Hans-Joachim: Grundriss der Geldpolitik, 9. Auflage 2010.

Mallaby, Sebastian: More Money Than God. Hedge Funds and the Making of a New Elite, 2010.

Mayer, Thomas/Huber, Roman: Vollgeld. Das Geldsystem der Zukunft. Unser Weg aus der Finanzkrise, 2014.

Meltzer, Allan H.: A History of the Federal Reserve, Band 1–3, 2003–2009.

Ohler, Christoph: Bankenaufsicht und Geldpolitik in der Währungsunion, 2015.

–: Schutz vor systemischen Risiken, in: Kirchhof, Gregor/Korte, Stefan/Magen, Stefan (Hrsg.), Öffentliches Wettbewerbsrecht, 2014, S. 209 ff.

–: A Governance Crisis? Treaty Change, Fiscal Union and the ECB, in: Ringe, Wolf-Georg/Huber, Peter M. (Hrsg.), Legal Challenges in the Global Financial Crisis, 2014, S. 121 ff.

Reichlin, Lucrezia/Baldwin, Richard: Introduction, in: Reichlin, Lucrezia/Baldwin, Richard (Hrsg.), Is Inflation Targeting Dead? Central Banking After the Crisis, 2013, S. 10 ff.

Sahr, Aaron: Ungleichheit auf Knopfdruck. Die Spielregeln des Keystroke-Kapitalismus, 2018.

Seikel, Daniel/Truger, Achim: Die blockierte Vollendung der Europäischen Währungsunion: Plädoyer für eine pragmatische Nutzung von fiskalischen Handlungsspielräumen, Wirtschaft und Gesellschaft 2019, 43 ff.

Selmayr, Martin: § 23. Das Recht der Europäischen Wirtschaftsunion, in: Müller-Graff, Peter-Christian (Hrsg.), Europäisches Wirtschaftsordnungsrecht, 2015, S. 1387 ff.

Streeck, Wolfgang: Gekaufte Zeit. Die vertagte Krise des demokratischen Kapitalismus, 2013.

Tappe, Henning/Wernsmann, Rainer: Öffentliches Finanzrecht, 2. Auflage 2019.

Taylor, Frederick: Inflation. Der Untergang des Geldes in der Weimarer Republik und die Geburt eines deutschen Traumas, 2013.

Thiele, Alexander: Europarecht, 16. Auflage 2019.

– (Hrsg.): Legitimität in unsicheren Zeiten. Der demokratische Verfassungsstaat in der Krise?, 2019.

–: Verlustdemokratie. Die drei Verlustebenen der Demokratie, 2. Auflage 2018.

–: Finanzaufsicht. Der Staat und die Finanzmärkte, 2014.

–: Der gefräßige Leviathan. Entstehung, Ausbreitung und Zukunft des modernen Staates, 2019.

–: Der Austritt aus der EU. Hintergründe und rechtliche Rahmenbedingungen eines „Brexit", EuR 2016, 281 ff.

–: Friendly or Unfriendly Act?, German Law Journal 15 (2014), 241 ff.
–: Europäisches Prozessrecht, 2. Auflage 2014.
–: Die EZB als fiskal- und wirtschaftspolitischer Akteur? Zur Abgrenzung der Geld- von der Fiskal- und Wirtschaftspolitik, EuZW 2014, 694 ff.
–: Das Mandat der EZB und die Krise des Euro. Eine Untersuchung der von der EZB im Zusammenhang mit der Eurokrise ergriffenen Maßnahmen auf ihre Vereinbarkeit mit den rechtlichen Vorgaben des europäischen Primärrechts, 2013.
Tucker, Paul: Unelected Power. The Quest for Legitimacy in Central Banking and the Regulatory State, 2018.

Sach- und Namenregister